岩 波 文 庫

33-700-1

ニーチェ みずからの時代と闘う者

ルドルフ・シュタイナー著
高 橋 巖 訳

岩 波 書 店

Rudolf Steiner

FRIEDRICH NIETZSCHE
EIN KÄMPFER GEGEN SEINE ZEIT.

1895

凡例

一　本書は、ルドルフ・シュタイナー(Rudolf Steiner)の *FRIEDRICH NIETZSCHE: EIN KÄMPFER GEGEN SEINE ZEIT* の全訳である。表題を『ニーチェ　みずからの時代と闘う者』とした。底本には、Weimar, Verlag von Emil Felber, 1895 を使用した。

一　底本の1から41の節に、訳者による小見出しを補った。

一　*FRIEDRICH NIETZSCHE* と題する二つの講義を、「講義　フリードリヒ・ニーチェ」として併せて収録した。Ⅰは、「霊学の光の中のフリードリヒ・ニーチェ」(一九〇八年六月一〇日、デュッセルドルフでの人智学協会員のための諸講義。『世界の諸問題、人生の諸問題についての人智学からの答え』GA一〇八、一九〇八年三月一四日から一九〇九年一一月二一日までの講義)を、Ⅱは、同題(一九〇九年三月二〇日、ベルリンでの公開講義。『霊をどこに、どのように見出すのか』GA五七、一九〇八年一〇月一五日から一九〇九年五月六日までの講義)を底本とした。

一　ニーチェの著作名は白水社版ニーチェ全集に従った。

目　次

第三章　ニーチェ思想の展開

ニーチェ　みずからの時代と闘う者

初版のまえがき

六年前、フリードリヒ・ニーチェの著作を初めて知ったのだが、そのときの私の心の中には、彼と共通した思想がすでに形成されていた。彼から離れたところで、彼とは違う道を辿って、私はニーチェの『ツァラトゥストラ』『善悪の彼岸』『道徳の系譜』そして『偶像の黄昏』の思想と一致する考え方に達していた。一八八六年に出版された私の小著『ゲーテ的世界観の認識論』の中には、すでにニーチェのこれらの著作と同じ立場が表明されている。

だからこそ私は、ニーチェの観念生活、感情生活をまとめて表現したい、という思いに駆られた。私の信じるところでは、今述べたニーチェ後期の諸著作にふさわしく描かれたときのニーチェ像こそ、ニーチェ自身にもっとも似てくるのだ。だから本書はそのように書き下された。ニーチェの初期の諸著作は、探求者としてのニーチェを示している。そこには、休むことなく登り続けようとする者の姿が表れている。しかしニーチェの後期の諸著作には、天高く聳《そび》え立つ山頂に達した者の姿が表現されている。ニーチェの根源の精神にふさわしい、高みに達した者の姿がである。これまでのニーチェ論の場合、たいていはニーチェがさまざまな発展期に、多かれ少なかれ互いに相違した思想を持っていたかのように述べられている。私はニーチェにおける思想の変化を問題にしようとは思わない。むしろ一個の人格の上昇運動ともいうべき、おのずからなる発展を問題にしようと思う。ニーチェが初期の諸著作を書いたときには、自分の考え方にふさわしい表現形式をまだ見つけ出せずにいたにすぎないのだから。

ニーチェの仕事の最終目標は、「超人」という人間の理想型の記述であった。本書の主要課題のひとつは、この理想型を性格づけることである。私の超人像は、目下もっとも普及しているニーチェ像、ルー・アンドレアス・ザロメの『作品の中のフリードリヒ・ニーチェ』が描いて見せた戯画と正反対のものである。ザロメ夫人が「超人」の中から取り出して、世に問うた神秘的怪物以上に、ニーチェ精神を逆なでするものは考えられない。本書が示しているように、ニーチェの思想の中には、神秘主義の痕跡などどこにも存在しない。『心理学論攷』『道徳感情の起源』などの著者パウル・レーの叙述が、『人間的な、あまりに人間的な』におけるニーチェの思想に影響を与えたという、ザロメ夫人の見解に対しては、敢えて反駁《はんばく》を加えなかった。もしもザロメ夫人の著書がこれ程までにニーチェ像を歪《ゆが》めるのに有効な役割を演じていなかったら、ここでもこの問題に触れることはなかったであろう。ニーチェの著作集の優れた編者であるフリッツ・ケーゲルは、『文芸雑誌』の中でこの駄作に対して、しかるべき決着をつけている。

この短いまえがきを終える前に、ニーチェの妹、フェルスター・ニーチェ夫人に心からなる感謝の気持を表さないわけにはいかない。本書の執筆中、私は同夫人の厚情に度々接することができた。ナウムブルクの「ニーチェ文庫」で過ごした日々が、以下の文章を書いたときの気分を私に与えてくれたのである。

一八九五年四月　ワイマールにて

ルドルフ・シュタイナー

ニーチェの著作

ここでは全体の見通しのために、これまで出版され、本書でも取り上げられているニーチェの諸著作を、それぞれの初版の発行年と共に記すことにする。

『悲劇の誕生あるいはギリシア精神と悲観論』、初版一八七二年。「自己批判の試み」を収録した新版が、一八八六年に出ている。

『反時代的考察』第一部『ダーフィト・シュトラウス——信仰者・文筆家』、初版一八七三年。第二部『生に対する歴史の功罪』、初版一八七四年。第三部『教育者としてのショーペンハウアー』、初版一八七四年。第四部『バイロイトにおけるリヒャルト・ヴァーグナー』、初版一八七六年。

『人間的な、あまりに人間的な——自由なる精神のための書』第一巻、初版一八七八年。序論的なまえがきを加えた新版が一八八六年に出ている。

『人間的な、あまりに人間的な——自由なる精神のための書』第二巻。この書の「さまざまな意見と箴言」と「漂白者とその影」の部分は、はじめそれぞれ別の書として出版された。一八七九年の前篇のタイトルは、『人間的な、あまりに人間的な——自由なる精神のための書。付録——さまざまな意見と箴言』。後篇は一八八〇年の出版。この両部分は、一八八六年に一巻本にまとめられた。この版は導入のまえがきを附され、『人間的な、あまりに人間的な——自由なる精神のための書。全二巻。導入のまえがきを附けた新版』として出版された。

『曙光——道徳的偏見についての考察』、初版一八八一年。導入のまえがきを附けた新版一八八七年。

『華やぐ知慧』、初版一八八二年。まえがきを附した新版一八八七年。

『ツァラトゥストラはこう語った』各部ははじめ別個に出版された。第一部一八八三年。第二部一八八三年。第三部一八八四年。以上の三部をまとめた版は一八八六年に出た。第四部は四〇部だけの限定版として友人のためだけに一八八五年に出版。一八九一年に、はじめて全四部の初版が出た。

『善悪の彼岸——未来の哲学の序曲』、初版一八八六年。

『道徳の系譜——論争の書』、初版一八八七年。

『ヴァーグナーの場合——音楽家の一問題』、初版一八八八年。

『偶像の黄昏あるいは人はいかに鉄槌《ハンマー》をもって哲学するか』、初版一八八九年。

『ニーチェ対ヴァーグナー——一心理学者の記録』、一八九五年の全集版にはじめて収録。一八八八年に印刷されたときは、出版されずに終わった。

『アンチクリスト　キリスト教批判の試み』、未完の書『権力への意志』の第一巻。全集版(一八九五年)にはじめて収録。

『詩集』、一八九五年の全集版にある。

全八巻のニーチェ著作全集は、一八九五年ライプツィヒのC・G・ノイマン社から出版された。そこに収録されているのは、『悲劇の誕生』(第四版)、『反時代的考察』(第三版)、『人間的な、あまりに人間的な』上・下(第四版)、『曙光』(第二版)、『華やぐ知慧』(第二版)、『ツァラトゥストラはこう語った』(第四版)、『善悪の彼岸』(第五版)、『道徳の系譜』(第四版)、『ヴァーグナーの場合』(第三版)、『偶像の黄昏』(第三版)、『ニーチェ対ヴァーグナー』、『アンチクリスト』、『詩集』。

ニーチェの未発表の著述、その草稿、断章その他の出版は準備中である。

第一章　性　格

1　知性と本能

フリードリヒ・ニーチェは、みずからを「孤独に思い悩む者」「謎の愛好家」「反時代的な人間」と呼んでいる。彼のような独自の道を歩む人は、「誰にも出会うことがない。「独自の道」とはそうしたものだ。誰も助けに来てはくれない。危険、偶然、悪意、悪天候が襲いかかって来ても、自分だけで対処しなければならない」と、『曙光』第二版のまえがきで述べている。しかし孤独の中のニーチェの歩みに従っていくのは、魅力のある作業だ。ニーチェが自分とショーペンハウアーとの関係について述べた言葉は、私とニーチェとの関係についても、そのまま使いたいくらいだ。こんなふうに。「ニーチェの書いた本の最初の一頁を読んだだけで、すべての頁を読み通すであろう、彼の語ったどんな言葉にも耳を傾けるであろう、と確信するであろうような、私はそういうニーチェの読者の一人なのである。ニーチェに対する私の信頼は、たちどころに生じた。

……彼がまるで私のために書いてくれたかのように、私は彼を理解した。私を理解してもらうために、敢えてぶしつけな、思い上がった言い方をすればである」。そう語ったからと言って、ニーチェの世界観の「信者」になろうとはまったく思っていない。ニーチェ自身も、読者をそういう「信者」にしようなどとはまったく思っていない。事実、ニーチェは彼の『ツァラトゥストラ』に次のような言葉を語らせている。

「君たちは、ツァラトゥストラを信じる、と言う。しかしツァラトゥストラがどうだというのか。君たちは私の信者だと言う。しかし信者だからどうだというのか。君たちは君たち自身をまだ求めなかった。だから私を見つけたのだ。信者は皆そうしてきた。だから信じたところで、何もはじまらない。
私を失いなさい。そして君たち自身を見つけなさい。君たちみんなが私を否定したとき、私はまた君たちのところへ戻ってくるだろう」〔第一部「贈与する美徳」〕

ニーチェは救世主でも、宗教の開祖でもない。ただ、見解を共にする友と出会いたいのだ。自分の教えの信奉者など、望んではいない。誰かがみずからの自我を放棄して、ニーチェの自我と出会うとしたら、それはニーチェの意に反している。

同時代人のどんな考え方にも反対したくなるような本能が、ニーチェの人格の中に見出せる。彼の育った環境の中の人びとが大切にしていた文化に対しても、彼は嫌悪の情を抱いて、そこから離れようとする。ある主張の中に論理的な矛盾を見つけて、その主張を否定するのではない。眼に痛みを与える色から眼をそむけるときのように、そこから離れようとする。嫌悪は、直接的な感情に端を発する。意識的に判断を下すことから始めるのではない。負い目、良心の痛み、罪、彼岸の生活、理想、浄福感、祖国のような観念が頭を横切るときに、人びとが本能的に感じるもの、それがニーチェを不愉快にさせる。そのような諸観念に対する本能的な反感があるかないかが、現代のいわゆる「自由精神」の持ち主たちからもニーチェを区別している。自由精神の持ち主は皆、「古い妄想」に対する批判を知的に行っているが、しかし、自分の本能もそのような伝統的諸観念から自由だ、と言える人は、めったにいない。現代の自由精神の持ち主たちに悪業を行わせているのは、まさに彼らのこの本能なのである。

思考は伝統的な考え方から自立したとしても、本能はこの変化した知性に適応できずにいる。「自由な精神」の持ち主たちは、近代科学の概念を古い考え方の代わりに用いる。しかし彼らがその概念について語るとき、知性と本能は別の道を歩んでいる。そう思わずにはいられない。知性は、素材、力、自然法則の中に現象の根本理由を求める。

しかし本能は、他の人びとが神に対して感じるのと同じように、これらの事柄を感じさせている。

このような精神の持ち主たちは、神を否定するという非難から身を守ろうとしているが、そうするのは、彼らの世界観がなんらかの神観念と一致しているからなのではなく、「神を否定する」という言葉に本能的な恐怖をおぼえる特性を、祖先から遺伝されているからなのである。偉大な自然研究家たちは、神とか不死とかの観念を追放するのではなく、近代科学の意味でそれを作り変えようとしているだけだ、と主張している。この人たちの本能が、まさに知性の背後にとり残されているからなのだ。

この「自由な精神」の持ち主たちの大半は、人間意志には自由がなく、誰でも自分の性格とその性格に働きかける環境とに従って行動するしかない、と考えている。しかし「自由な意志」を批判するこの人たちのことをよく見てみれば分かるように、この「自由な精神」の持ち主たちの本能は、「悪行」を嫌悪している。この点では、「自由な意志」は善にも悪にも任意に加担できる、と考える旧来の人たちの本能的態度と少しも変わらない。

知性と本能が矛盾しているのは、われわれの「近代精神」の特徴である。現代のもっとも自由な思想家たちの中にも、正統派キリスト教に根ざした本能が生きている。けれどもニーチェの本性の中には、まさにその正反対の本能が働いており、人格神的な宇宙支配者の存在を否定する根拠があるかどうかをあらためてわざわざ考えたりはしない。彼の本能は、そのような存在の前に身をひれふすには、あまりにも誇り高いから、そういう存在をイメージしようなどとは思っていない。ツァラトゥストラは語る。

「しかし諸君、私の本心を打ち明けるなら、もしも神々が存在したなら、神ではない自分にどうやって耐えていけるだろうか。だから神々は存在しないのだ」〔第二部「至福の島々で」〕

ニーチェは、自分に対しても、他人に対しても、犯した行為のゆえに「罪がある」と言おうなどと、まったく思っていない。そういう「罪」などあってはならない。だから彼にとって、意志に自由があるかどうか、についての理論など、まったく関心外のことなのだ。

ニーチェの本能は、ドイツという民族共同体の愛国心を受け入れない。ニーチェは、自分の感情と思考が、自分の生まれ育った民族の思潮に依存しているとは思っていない。自分の生きている時代に対しても、同様である。『教育者としてのショーペンハウアー』

は述べている。

「たった数百マイルしか離れていないところではもはや有効ではないような観点を後生大事に守ろうというのは、まことに小市民的である。東洋と西洋は、われわれの臆病さかげんをからかうために、誰かが私たちの眼の前にチョークで描いてみせた線引きにすぎない。若い魂は言う、自由を手に入れたい、と。ところが、大した理由もないのに、二つの国民が互いに憎み合い、争い合っている。または二つの地域をたまたま海が分けへだてている。または数千年前にはまだ存在していなかったある宗教が自分のまわりで教えをたれている。そういうすべてが自由になることを妨げているのだ」

一八七〇年の戦時下のドイツ人の諸感情は、ニーチェの魂に大した影響を与えず、「ヴェルトの戦場の轟《とどろ》きがヨーロッパ中にひびき渡った頃」、彼はアルプスの片隅に坐って、「自分の思索の中で非常に思い悩んだり、曖昧にしたり、だから非常に心配したり、無頓着であったりしながら」、ひたすら古代ギリシア人についての思いを書き綴《つづ》った。それから数週間後、「メッツの城壁の下に」自分を見出したときの彼は、自分が人生に付した、そして「ギリシア芸術に付した」「疑問符からいまだに別れられなかった」(『悲劇の誕生』第二版の「自己批判の試み」)。戦争が終わったとき、自国の勝利にわきかえる同胞たちと気持ちをひとつにできず、彼は一八七三年には、ダーフィト・シュトラウスについての著書の中で、勝利に終わった戦いの「危険で、好ましからざる結果」について語っている。それどころか、ドイツ文化もこの戦いにおいて勝利を収めた、という考えを、狂気の沙汰であるとさえ述べている。この狂気が危険なのは、ドイツ民族の中をこの狂気が支配するようになると、勝利を「完全な敗北へ変化させてしまうからである。ドイツ帝国のために、ドイツ精神を敗北へ追いやるどころか、ドイツ精神そのものをドイツ民族の中から取り除いてしまうからである」。

これは、ヨーロッパ全体が国民的熱狂で盛り上がっていた時代におけるニーチェの基本姿勢である。それは、反時代的な人格の、みずからの時代に闘いをいどむ者の志なのだ。ニーチェの感じ方、考え方が同時代人と異なっていることは、このこと以外にもなお多くの例をあげて説明することができるであろう。

2　生きることに価値があるのか

ニーチェは通常の意味での「思索家」ではない。彼が世界に向け、人生に向けて発した、思いもかけぬ、しかも心底に達するさまざまな問いは、単なる思索を超えている。人間本性のすべての力を総動員しなければ、それらの問いに向き合うことができない。思索による考察だけでは駄目なのだ。ある意見を述べるのに、もっぱら考え出された理由を、ニーチェはまったく信用しようとしない。「弁証法を、理由づけを、私は信用していません」と一八八七年一二月二日、彼はゲオルク・ブランデスに宛てて書いている（ブランデスの『人びととその作品』〔一八九四年〕二一二頁参照）。

なぜ信用しないのか、という問いに対しては、『ツァラトゥストラ』が答えてくれる。

「なぜ、とお前は問うのか。私はなぜ、と問いかけられるような存在ではない」（第二部「詩人たち」）

ある見解が論理的に証明されうるかどうかは、ニーチェにとって大事なことではなく、その見解が人生の価値に関わるほどに、人格のあらゆる行為に作用しうるかどうかが大事なのである。ある思想が人生を促進させるのに役立つと思えたときにのみ、その思想を大切にする。彼は、人間を可能な限り健康に、可能な限り強力に、可能な限り創造的に見たいのだ。事実、美、一切の理想は、人生を促進させる限りにおいて価値をもち、その限りにおいて人間に関わりをもつ。

真理の価値の問題は、ニーチェのいくつかの著書の中で扱われている。『善悪の彼岸』は、それをもっとも大胆な形で次のように述べている。

「われわれを誘って幾多のリスクを冒させる真理への意志、これまですべての哲学者が讃美してきたあの有名な真実への愛――この真理への意志は、われわれにどんな種類の問いかけをしてきたか。どんな奇妙な、悪しき、疑わしい問いかけをしてきたか。そこには長い歴史がある。とはいえ、その歴史はほとんどまだ、はじまったばかりのようだ。われわれが遂にはその問いかけを信じられなくなり、忍耐を失い、我慢しきれずにそこからきびすを返しても、別に何も起こらない。われわれはこのスフィンクスからわざわざ問いのかけ方を学ぼうというのか。ここでわれわれに問いかけるのは、一体誰なのか。われわれの内なる何かが真理を求めているのか。――実際われわれは長い間この意志の原因を問わずにきた。そして遂に、もっと根本的な問いの前に完全に立ったのだ。われわれは、この意志の価値を問うたのだ。われわれは真実を欲するのか。なぜむしろ虚偽の方を欲しないのか」

ほとんどこれ以上はない程に大胆な考え方だ。もうひとりの大胆な「探求者にして謎の愛好家」ヨーハン・ゴットリープ・フィヒテが真理への努力について語った言葉を、その横に並べてみれば、ニーチェがどれ程深く人間本性の中から彼の思想を取り出しているかが分かるであろう。フィヒテは述べている。

「私には真理のために証言する使命がある。私の生活も、私の運命もどうでもいい。大切なのは、私の人生の諸結果だ。私は真理の祭司である。私は真理に雇われている。すべて真理のために行い、働き、そして苦しむこと、私はこのことを自分の義務としてきた」(『学者の使命』第四講)

この言葉は西洋近代文化のもっとも高貴な精神たちの真理への関わり方を端的に語っているが、ニーチェの述べた言葉と対比すると、表面的に思えてくる。そしてこう反論したくなる。——虚偽が真理よりも生にとってより価値のある結果をもつことはないのか。真理が生をそこなうことはないのか。フィヒテは、こういう問いを立てたことがあったか。「真理のために証言」した別の人たちはそうしたことがあったのか。

しかしニーチェはこう問いかける。そして、真理への努力を単なる知性の問題にしてしまうことなく、この努力を生み出す本能を求める。そのときはじめて、この問いに決着がつけられる、と信じているからだ。真理よりも高次の事情に達するために、本能が真理を手段として用いることさえありうる。ニーチェは、「哲学者を、十分に時間をかけて、行間から、かつおこたりなく見守り続けた」あとで、こう気がついたのだ。「哲学者の大方の意識的な思索は、本能によってひそかに導かれ、一定の軌道上にのせられている」。

哲学者たちは、自分の行為の最終決定者は真理への努力だ、と信じている。彼らがそう信じるのは、人間本性の基礎に眼を向けることができないからである。真理への努力は、実際は権力への意志によって導かれている。真理の助けをかりて、人格の権力と生の充実とが高められねばならない。哲学者の意識的な思考は、真理の認識こそ最終目標だ、と思い込んでいる。しかし思考をいとなむ無意識の本能は、生を促進させようと努めている。この本能にとって、「判断の偽りは、まだそれだけではその判断を非難することにならない」。本能が問題にするのは、ただひとつ、「それがどこまで生を促進させ、生を維持し、種を保存し、多分、種を培養するかである」(『善悪の彼岸』三と四)。

「もっとも賢い者たちよ、君たちは、君たちを駆り立て、燃え上がらせるものを「真理への意志」と言うのか。

すべての存在者を思考可能にしようとする意志。私は君たちの意志をそう呼ぶ。君たちはすべての存在者を先ず思考できるものにしようとする。なぜなら、それがそもそも考えうることなのだとは信じられずに、迷っているからだ。

しかし、君たちの意志はその存在者を君たちに従わせ、屈服させようと望んでいる。すべての存在者が精神の滑らかな鏡となり、精神の映像となることで、精神に従屈すべきだというのだ。

もっとも賢い者たちよ、これが君たちの意志であり、ひとつの権力への意志である」(『ツァラトゥストラはこう語った』第二部「自己克服」)

真理は世界を精神に従わせようとし、そうすることで生に仕えようとするが、真理は生の条件としてのみ、価値をもっている。

しかし、もっと先へ進んで、生そのものにどんな価値があるのか、と問うことはでき

は、すべて彼の気にいらない。自分の力を高めてくれる生活状況にいるとき、彼は充実感をもつ。活動の障害となり、妨害となるものを好むのは、それを克服する際に、自分の力を意識できるからである。彼はもっとも困難な道を歩もうとする。彼の性格の特徴のひとつは、『華やぐ知慧』の第二版の扉に附した次の格言の中に語られている。

「私は自分の所有する家に住み、他の誰のまねもしてこなかった。そして、自分で自分を笑いものにできない人物を、どんな偉人であろうと、笑いものにした」

どんな仕方であろうと、相手の権力に従う人の中に、ニーチェは弱さを感じとる。そして「自分以外の権力」について、自分を「孤立した自由な精神」と見なしている多くの人とは違う考え方をしている。ニーチェは、考えるときも行うときも、理性の「永遠なる鉄の」法則に自己を従わせている人を、弱いと感じる。人格を円満に発達させているなら、その行いをどんな道徳法則にも従わせようとはしない。もっぱら自分自身の衝動に従って生きようとする。思考し、行動すべきときの法則や規則を求める瞬間に、人はすでに弱さをあらわしている。強い人は自分の思考と行動のやり方を自分自身の本質によって決める。

ニーチェはこの観点を、小心な考え方の持ち主からは「危険だ」と言われそうな文章の中で、明言している。

「キリスト教の十字軍が東洋であの無敵な暗殺集団に遭遇した。それは見事なまでの自由精神教団であり、この教団の最下位は、どんな修道僧も及ばぬ程の従順な生き方をしていた。そのとき、十字軍は、なんらかの方法で、最高位にのみ許された秘密のあの象徴と合言葉を示唆されたのだった。すなわち「何ものも真ではない。すべては許されている」という言葉を。……確かにこれは精神の自由であるが、これと共に真理そのものから信仰が絶縁したのである」(『道徳の系譜』第三論文二四)

この文章は高貴な貴族的人格の感情を表現している。自由に、自分自身の掟に従って、永遠の真理や道徳法則を何も顧慮せずに、生きようとする。奴隷状態を好む人間は、このことを感じとれない。ニーチェの人格は、抽象的な道徳命令を体現しているような支配者にも我慢できない。自分の考え、自分の行いは自分が決めることだ、とこの人格は語る。

自分は「自由思想家」である、と名乗る人びとの中には、その理由として、思考も行為も他人に由来する法則に従うのではなく、「理性の永遠の法則」「変えようのない義務概念」または「神の意志」だけに従うことをあげている。ニーチェはこのような人を、真の強い人であるとは見做さない。なぜなら、そのような人も、自分自身の本性に従って考え、行うのではなく、より高次の権威の命令に従って考え、行うのだから。奴隷が主人の意志に従うのも、宗教家が神の啓示に従うのも、哲学者が理性の言葉に従うのも、事情は変わらない。皆、言いなりになっているのだから。何が命じるのか、はどうでもいい。決定的なのは、命じられていることであり、人間が自分で自分の行為に方向づけを与えてはおらず、自分に方向づけを与えてくれる権力があると考えていることである。

真に自由な強い人は、真理を受けとろうとはしない。真理を創造しようとする。許された状態に身を置こうとはしないし、言いなりにもならない。

「本来の哲学者たちは命ずる側に立ち、法を与える側に立ち、そうである筈だ、と言う。彼らが人間の「どこ」へと「何のために」を明示するとき、すべての哲学的作業員、すべての過去の勝者たちの準備作業をわがものにしている。そして創造的な手を未来に伸ばし、今あるもの、かつてあったものをすべて手段にし、道具にし、ハンマーにする。その認識は創造であり、その創造は立法であり、その真理への意志は、権力への意志である。こんにちそのような哲学者がいるだろうか。かつてそのような哲学者がいたのか。そのような哲学者はいる必要がないのか」(『善悪の彼岸』二一一)

4　此岸と彼岸

ニーチェは人間の弱さの現れを、この世以外の世界を信じようとするあらゆる種類の彼岸信仰の中に見ている。彼によれば、この世の人生をあの世を基準に打ち立てようとすること以上に、人生に対するひどい仕打ちはなく、この世の現象の背後に人間の認識の及ばぬ存在たちを仮定すること以上にひどい誤りはない。人は往々にして、そのような存在たちを一切の生あるものの本源であり、統率者であると考えようとする。しかしこういう考えは、この世の喜びを台無しにし、この世を、到達しがたいものの単なる仮象、単なる反映に引き下ろしてしまう。われわれのよく知っている世界、われわれにとっての唯一の真なる世界は、そのときはかない夢となり、夢想された別世界だけが真の現実になってしまう。だからわれわれの感覚もまた、現実の代わりに仮象を提示する詐欺師になってしまう。

こういう発想は、弱さからしか生じえない。事実、大地にしっかりと足を下ろして立つ強い人は、人生に喜びを感じ別世界を思い描こうなどとは、まったく思ってもみない。強い人は、この世のことに心を配り、別の世などを求めたりはしない。しかし悩む者、病んだ者たちは、この人生に満足せず、彼岸へ逃避しようとする。彼らから此岸を取り上げたのなら、彼らに彼岸が提供されねばならない。一方、強い人、健康な人、健善な生活感覚の持ち主は、この世の問題をこの世の中で解決しようとする。人生という現象世界を解明するために、彼岸に根拠を求めたり彼岸の存在たちに助けを求めたりはしない。未熟な眼や耳で現実を知覚する弱い人は、現象の背後に存すべき原因を必要とする。

彼岸信仰は、悩みから、病んだ憧れから生まれる。現実の世界を洞察できないところからは、「物自体」という仮説が生じる。

現実の生活を否定する理由をもっている者はすべて、人工の生活を歓迎する。ニーチェは現実の生活を歓迎する者であろうと欲する。彼は現実世界のあらゆる側面を探求しようと欲する。人生の深層にまで掘り進もうとする。別の人生などには、まったく関心がない。苦悩でさえ、彼にとっては人生を否定する理由にならない。ニーチェにとっては、苦悩も認識の一手段なのである。

「旅行者は、一定の時刻に目覚めようと思い、そして、安心して眠り続ける。そのようにわれわれ哲学者は、病気になると病気に身も心も捧げつくし、身のまわりのことに眼を閉ざしている。旅行者の場合は、何かが眠らずにときを数え、自分を起こしてくれるのを知っている。われわれも、決定的な瞬間が来たら目覚めるであろうこと、そして何かが現れて、行動の故に、つまり弱さや改悛や服従や硬化や陰うつさの故に、精神を逮捕するであろうことを知っている。精神は、病んでいるときは、健康な日々の精神の誇りを無理してもち続けている。……人はそういう自己調査、自己誘惑のあとでは、これまで哲学が対象にしてきたすべてをさらに繊細な眼で見ることを学ぶ」(『華やぐ知慧』第二版のまえがき)

5　個人と人間関係

人生と現実を愛するこのニーチェの感覚は、人間と人間関係を考察するときにも現れている。この面でのニーチェは、完全な個体主義者である。どんな人も、ニーチェにとっては独自の世界であり、かけがえのない珍品である。信じられぬほどに多様な諸部分が集まって「一体化」し、特定の個人としてわれわれの前に姿を現す。このような奇蹟の産物〔人間〕がまったく同じ仕方でもう一度合成されることはありえない（『教育者としてのショーペンハウアー』第一章）。

それにも拘《かかわ》らず、一回限りの独自性を十分に発揮しようとする人は、極く僅かである。自分らしさを発揮することで、ひとりぼっちになることを、人びとは怖れている。安楽に、安全に、仲間と同じやり方で生きようとする。そうすれば、いつでも仲間を見つけることができるから。自分のやり方で生活する人は、他の人から理解されず、誰も仲間になってくれない。

孤独は、ニーチェにとって、特別に魅力がある。ニーチェは自分の内面の秘密を探求することを好み、人びととの共同体を避ける。彼の思考の歩みは、たいていの場合、自分の人格の深層にひそんでいる宝を掘り出す試みなのである。他の人びとがさし出す光を遠ざけ、「人びとと一緒のもの」、「人間というルール」が作り出す空気を、一緒に呼吸しようとはしない。大衆から、多数から、みんなから解放されているお城の秘めごと（『善悪の彼岸』二六）を本能的に求める。『華やぐ知慧』では、仲間を「消化する」のはむずかしい、と歎いている。『善悪の彼岸』（二八二）では、彼が食卓について、「一般＝人間的なるもの」という料理を食べたとき、一番、危険な消化障害に陥る、と打ち明けている。ニーチェが人びとを受け容れなければならないときには、人びとはニーチェのそばまで近よってはいけないのだ。

6　判断の基準

ニーチェは、自由なる生活本能がよしとするような思考形式、判断形式を、無条件で承認する。人生が選びとった観点なら、どんなに論理的な破綻を指摘されようとも、意に介することはない。この点、ニーチェの思考は、自由であり、しっかりしている。ある主張が「客観的」に正しいか否か、その主張が人間の認識能力の限界を超えているかいないか、という議論に悩まされることはない。判断が人生にとって価値があるなら、ニーチェは、その判断が客観的であるか、妥当性があるか、もはや問おうとはしない。認識の限界に思い悩むこともない。健全な思考であれば、創造しうる事柄を創造する筈だし、「私にできることなのかどうか」という無益な問いに悩まされることもない、と彼は考えている。

判断の価値を、人生にとってプラスかマイナスかで決めるのだから、それを決めるのは、もちろん、当人の個人的な生命衝動であり、生命本能である。自分の生命本能に従って、一定の判断が価値あるものであるかどうかを、決めるだけでいいのである。ニーチェの主張はすべて、このことを言うためにある。だから思想世界に対する彼のこの態度は、自由な立場の読者に対して、大きなはげましになる。

このことはニーチェの著述に、余り我を張らない、控え目な特徴をも与えている。別の思想家たちの中には、われこそは世間に永遠に変らぬ真理を告知する能力がある、と思い込んでいる人もいる。ニーチェに較べると、そういう人たちは、不遜な存在に思えてくる。確かにニーチェの著作の中には、強い自意識をあらわす文章がある。例えば彼は言う。

「私は人類にこれまでの中で最も深淵な書物を提供した。私のツァラトゥストラをである。私は人類にまもなくどんな権威からも独立した書物を提供しよう」(『偶像の黄昏』「ある反時代的人間の逍遥」五一)

しかしこのことが彼の口から語られるとき、それは何を意味しているのだろうか。私はこの問いに答えるために、類書の場合よりもより深い仕方で、ニーチェの人格の本質を書物に記そうと思った。だから本書は、他の哲学書よりもより自由な仕方で、つまり他人の判断を顧慮することなく、書かれている。私は、最重要な事柄だけを選んで、私の個人的な本能に従って、述べていくつもりである。これこそが、高貴なる謙遜というものなのだ。

もちろんこの「謙遜」は、いつわりの謙遜さから、「私自身のことはどうでもいい。私の作品がすべてだ。私は自分の個人的な感情を著述の中にもち込んだりはしない。純粋理性が私に語らせるものだけを語る」、と述べたがるような人の趣味には反するであろう。こういう人は、自分の発言が高次の精神に由来する、と言いたくて、自分の個性を否定したがるのだ。ニーチェは自分の思想を彼個人の所産であり、それ以上の何ものでもない、と思っている。

7　思想の生産性

専門の哲学者は、ニーチェを冷笑しようとするか、または彼の「世界観」の「危険」について語る自分たちの判断を至上のものと考えている。こういう哲学者の精神は、論理の人格化された教科書以外のものではなく、従って当然のことながら、強力で直接的な生命衝動に発するニーチェの創作活動を評価できるはずがない。

いずれにせよ、ニーチェの思考の大胆な飛躍は、論理的な思索家たちの用心深い足どりよりも、人間本性の深い秘密を言い当てている。もしも概念の網に無価値な内容しかかからないのなら、論理だけで何ができるというのか。価値のある思想が提供されるなら、たとえそれが論理的な網に包まれていなくても、われわれは歓迎する。人生の実りは、論理だけによるのではなく、思想の生産性によるのだ。

現代の専門哲学は、十分に不毛である。だからニーチェのような勇気ある、大胆な著作家の思想で賦活する必要があるのだ。カント哲学の影響で、この専門哲学の成長力は、麻痺しており、一切の独創性も失われ、勇気もない。カントは当時の教壇哲学から、「純粋理性」に由来する真理概念を受け継ぎ、そしてこの真理によっては「もの自体」という、われわれの経験のかなたにある事柄は何ひとつ知ることができない、ということを示そうと試みた。それから今までの一世紀間、このカントの思想をあらゆる分野に徹底させようと、計り知れぬほどに鋭敏な知性が行使されてきた。そしてその結果、当然のことながら、現代のたいていの哲学はみすぼらしくて陳腐である。専門用語で書かれた現代の哲学書の月並みな表現を健全な言語表現に置き換えてみれば、ニーチェの短い断章と較べても、その内容のみすぼらしさがよく分かる。ニーチェは当然の権利をもって、現代哲学に対して次のような誇らしげな文章を書いた。

「私の野心は、他の人が一冊の本で述べていること、一冊の本の中でも述べていないことを、十の文章で言い表すことにある」（『偶像の黄昏』「ある反時代的人間の逍遥」五一）

8　反目的論

ニーチェが自分の見解を述べるときには、個人的な本能と衝動の所産としてそれを述べる。従って彼にとって、他人の見解も、個人、民族、人種などの中に働いている本能の徴候でしかない。彼は他人の見解について議論したり、反駁したりしようとはしない。しかし他人の見解の中に語られている本能を拾い集め、個人や民族の性格をその見解の中に認識しようと努める。

彼が関心を寄せるのは、見解が健康、大胆、高貴といった、生きる喜びの本能に由来するものなのか、それとも不健康な、奴隷的な、疲労し、生きようとしない本能に由来するものなのかを知ることなのである。真実そのものは、どうでもよい。問題は人間が自分の真実を本能にふさわしく形成することであり、それによって人生目標へと促すことである。彼は見解の自然本能的な出どころを見極めようとする。

ニーチェの目指すところは、もちろん、真理に独立した価値を認めようとする観念論者と同じではない。観念論者は真理を、本能よりもさらに「高次の、純粋な根源」から生じたものにしようとする。ニーチェは人間の見解を自然力の所産であると述べる。ちょうど自然研究者が眼の構造を自然の諸原因の相互作用から説明するようにである。現代の自然研究者が、自然が眼を生じさせたのは、生体に見るための器官を賦与する目的があったからだ、というのを妥当な説明である、と認めたりはしないように、ニーチェも、特定の道徳目的や理想や道徳的世界秩序から人類の精神的な進化を説明することを妥当であるとは認めない。彼はどんな理想の中にも、本能の表現しか見ようとしない。ちょうど、身体器官の合目的的な構造の中に有機的な形成法則の結果が現れているように、本能は満足を求めるのだ、と彼は思っている。現代になっても、自然が合目的的に創造行為を行っているとは考えないくせに、道徳的理想主義には頭を下げ、歴史の中に神的意志の実現、事物の理想的秩序の実現を見ようとする哲学者、自然研究者がまだいるが、この事実は中途半端な本能のあらわれでしかない。そのような人びとには、精神的経過を評価するための正しい眼が欠けている。自然経過を観察するときには、正しい眼を持っているにも拘らずである。もしも現実に根ざしていない理想を求めるのだとしたら、その理想を生じさせる本能のことを知らないからに過ぎない。

ニーチェは反理想主義者であるが、それは近代の自然研究者が自然の実現すべき目的を認めないのと同じ意味においてである。彼は、自然研究者が自然の目的について語らないように、道徳の目的について語らない。牡牛は突くことができるために、角をもっている、と語るように、人間は道徳理想を実現すべきである、と語るのは、ニーチェにとっては決して賢明なことではないのだ。彼にとっては、いずれの場合も、自然の働きについてではなく、「神の摂理」や「万能なる叡智」について語っているのである。

このような世界解釈は、一切の健康な思考を妨害し、理想という名の暗雲をただよわせて、現実を観察するための生来の視力をくもらせる。世界経過を洞察できなくさせ、そしてついには、すべての現実感覚を完全に失わせる。

9　シニシズム

ニーチェが精神的な闘いに乗りだすときには、相手の意見そのものに反駁を加えたいからではなく、その意見が悪しき、反自然的な、克服されるべき本能に根ざしているからそうするのである。だから有害な自然の作用をくい止め、または危険な自然存在を根絶するときと同じような意図でそうするのである。真理の「確信力」に頼っているからではなく、相手が不健康な、有害な本能をもち、自分は健康な、生きようとする本能をもっているからこそ、相手を克服するのである。

自分の本能が相手の本能を有害だと感じているので、彼は自分の闘いを正当化しようとはしない。何らかの思想を代表して闘おうなどとは思っていない。本能がそう促すから闘うのである。このことはどんな精神的な闘いに際しても言えることなのだが、通常、闘うものは闘いの本当の動機など意識していない。同じように、哲学者は、自分の「権力への意志」を意識してはいないし、道徳的な世界秩序の信奉者は、自分の道徳理想の自然的な原因を意識していない。みんなの意見が意見と対決しているのだと思っており、真の動機を概念のマントで覆ったままにしている。また、自分の気に入らない相手の本能のことに言及することもなく、たぶん、それを意識に上らせることもない。つまり、本来の敵対する力は、まったく表面に現れてこない。ニーチェは相手の本能が気に入らないのだ、とおかまいなしに言及し、そして敵対する自分の本能についても言及する。これをシニシズム〔冷笑的な態度〕と呼べば、呼べるかもしれないが、しかし、どんな人間活動においてもこのシニシズム以外のものは存在しなかったし、どんな理想主義的な妄想も、このシニシズムで織り成されている。このことを、忘れてはならない。

第二章　超　人

10　大いなる軽蔑

人間の行為のすべては、これはどんな生物の場合にも言えることだが、自然に植えこまれた本能と衝動を最大限に満足させようとしている。人間が徳を求め、正義、認識、芸術を求めて努力するのは、人間の本能をふさわしい仕方で発達させるための手段が、それら徳、正義などだからなのである。本能は、これらの手段がないと、萎縮してしまうのだ。ところが、人間は、生活内容と本能とのこの関連を忘れて、力強く、存分に人生を生きるための生活手段を、それ自身無条件的な価値のあるものと見做そうとする傾向をもっている。だから人間は、次のように語る。徳や正義や認識は、それ自身のために獲得されねばならない。徳も正義も認識も、人生のために役立つから価値があるのではない。人間はそのような理想に向かって努力する。だからこそ、人生に価値が生まれる。人間は、動物のように、自分の本能の命じるままに生きているのではない。高次の目的のために本能を働かせ、そうすることで本能を高貴なものにする。それが生きていることの意味なのである。

こう語る人間は、はじめ人間自身が自分の本能を充実させるために創造したものを、自分の人生に尊厳を与えてくれる理想だと考えて、その理想を、自分自身よりもより高いものとして崇拝し、その理想に服従することを、自分にも他人にも要求する。そしてその結果、現実という大地から自分を引き離し、自分の存在に高次の意味と目的とを与えることに腐心する。

この人間は、自然とは異なるところに自分の理想の根源を見つけ出し、理想を「神の意志」とか「永遠の道徳命令」と名づけている。「真理を真理であるが故に」「徳を徳であるが故に」求めようとする。我欲を、つまり自然本能を制御して、無私の態度で理想の目標に従うことが、表向き達成されたときはじめて、自分を良き人間であると考える。そのような自己克服のできなかった人は、以上のような理想主義者にとっては、卑しい「悪」の人なのである。

ところが、一切の理想は自然本能に由来するものなのだ。キリスト教徒が神のお示し給うた徳と思っているものもまた、もともとは、本能を満足させるために人間が作り出したものなのである。その大もとの由来を忘れて、神の由来をその代りに創作した。哲学者や説教師のあげる徳目にも、同じことが言える。

人びとが健全な本能の赴くままに、この本能に従って理想を定めたのなら、その理想の由来をいくら間違って解釈したとしても、害にはならなかったであろう。理想主義者が自分たちの目標の由来を間違って解釈したとしても、この目標そのものが健全でありえたならば、充実した人生が送れたに違いない。

しかし不健康になった本能が存在する。この本能は、人生を力づけ、促進する代りに、人生を弱め、萎縮させる。そして上述したように、理想の由来を間違って解釈し、その解釈に則った生活目的をもつようになる。不健康な本能は、人間をそそのかして、次のように言わせる。完全な人間とは、自分の人生に忠実に従い、自分の存在のために働く人間のことではなく、理想の実現に邁進《まいしん》する人間のことである。

このような不健康な本能に影響された人間は、自分の目標が不自然な、または超自然な起源をもっていると言い立てるにとどまらず、みずから実際にそういう理想を編み出したり、人生の求めに応じていない別の人びとの理想を借用したりしている。もはや自分の個性に内在する力を明るい光の下に置こうと努めることなく、ただ自分の本性に押し被せられた手本に従って生きている。その目標を宗教から得たのか、自分の本性に内在していない前提の下に、自分で定めたのかは、どうでもいい。人類全体の目的を想定して、そこから道徳理想を導き出す哲学者は、「これがお前たちに神が与え給うた目標だ、そこへ向かって歩まねばならない」と語る宗教の創始者と同じように、人間の本能を拘束している。人が神の似姿たらんと決意するのも、「完全なる人間」の理想を案出して、そこに限りなく近づこうとするのも、同じことである。

真実なのは、個々の人間だけであり、この個々の人間の本能と衝動だけである。自分の個性の要求を大切にするときにのみ、何が自分の人生の目標なのかを知ることができる。自分を否定して、自分を手本に似せようとしても、決して「完全な」人間にはなれない。自分の中から実現されたいと迫ってくるものを、実現するときが、完全な人間になれるときなのである。人間の活動が意味をもつのは、非個人的、外的な目的に仕えるときなのではない。人間の活動は、その活動そのものの中に意味をもっているのだ。

反理想主義者は、自己本来の本能から背を向ける態度の中にも、本能の現れを見るだろう。本能に反することさえも、本能からしかやれないことを知っている。けれども、医者が病人を診察して、その病状が患者の体質に由来するものであると分かっても、治療しようとするように、反理想主義者は本能を否定する態度を克服しようとする。だから反理想主義者に向かって、「お前は人間の求めているものはすべて、理想も何もすべて、自然に生じたのだというが、それにも拘らず、理想主義に闘いを挑んでいるのはおかしい」と非難するのは当たっていない。確かに、理想は病気と同じように、自ずと生じてくる。しかし健康な人間は、病気に立ち向かうのと同じように、理想に立ち向かう。一方、理想主義者は、理想を大切に育てなければならない、と思っている。人間が完全になるのは「高次の」目的に仕えるときである、という信仰は、ニーチェによれば、克服されねばならない何かなのである。人間は自分をよく反省して、自分に仕えるために理想を創り出したのだ、と認めなければならない。自然のままに生きるのは、現実から遊離した理想を追求するよりも、もっと健康的である。非個人的な目標に仕えるのではなく、自分の生き方の目的と意味とを自分自身の中に求める。自分の力を発揮し、自分に内在する権力を完全なものにする。そのような徳を自分の徳と考える人こそが、ニーチェにとっては、無私なる理想主義者よりも高次の存在なのである。

以上のことをニーチェは、『ツァラトゥストラ』の中で宣言した。自分の本性のままに生き、人生の目標を自分の存在にふさわしい生活をいとなむことの中に見ることのできる、ずばぬけた個性を、ニーチェは「超人」と名づけた。超人は、自分の外に存する目的に仕えるために人生がある、と信じる人間の正反対である。

超人、つまり自然に応じた生き方をする人間について、教えをたれるのは、ツァラトゥストラである。ツァラトゥストラは、誰であれ、自分の徳を自分の所産であると見做すように、と教え、徳を自分よりも高いものだと思う人びとを軽蔑するように教える。

ツァラトゥストラは、人びとを徳の前にひざまずかせる恭順から解放されるために、孤独になろうと望んだ。そして人生を拘束する徳を、人生のために役立とうとはしない徳を軽蔑できるようになったとき、ふたたび人間のもとに降りていく。超人は踊る人のように軽々と行動する。なぜなら、自分と自分の意志に従うだけで、徳が生活範囲を区切ろうとする線引きには、見向きもしないでいられるからだ。自分自身に従うだけでは駄目だ、という信仰がもはや肩に重くのしかかってはいないのだ。ツァラトゥストラは、理想を夢見るために眠るのをいさぎよしとはしない。目覚めて、自由な態度で現実に向き合う。自分を見失い、徳という自分で作り出した事柄の前にはいつくばる人間は、ツァラトゥストラにとっては、汚染された水の流れなのである。超人とは、ツァラトゥストラによれば、みずからは汚染されることなく、この流れを受け容れる海なのである。なぜなら、超人は、自分こそが徳の主人であり、徳の創造者であることを知っているからだ。ツァラトゥストラは偉大な体験をした。人間の上に置かれる徳はすべて、吐き気をもよおす、という体験をしたのである。

「あなた方が体験することのできるもっとも偉大なものとは何か。それは大いなる軽蔑のときのことである。あなた方の幸せさえも、理性や徳と同じように、吐き気をもよおすものとなるときのことである」(『ツァラトゥストラはこう語った』第一部「ツァラトゥストラの序説」三)

11 内からの呼び声

ツァラトゥストラの知恵は、「近代の教養人」の意にかなっていない。近代の教養人は、すべての人を互いに同じようにしようとする。万人が同一の目標にむかって生きていけば、地上に幸せと満足が行きわたる、と言う。人間は自分の特殊な個人的願望を抑えて、ただ公共のために、共通の幸せのために働かねばならない、と要求する。そのときはじめて、地上に平和と安静が支配するであろう。各人が同じ要求をもつようになれば、誰も他の仲間を妨害したりしなくなる。個人は自分だけのことを考えたり、自分の個別的な目標に目を向けたりすべきではなく、すべての人が一度これでいいときめた型に従って生きるべきである。これが近代教養人の立場なのだ。すべて個々の人生は消え去り、すべての人が共通の世界秩序の構成員になるべきなのである。

「牧人は誰もいない。家畜だけがいる。誰もが同じものを欲し、誰もが同じである。別の感じ方をするものは、自分から精神病院に入る。

かつて、全世界が狂っていた。一番感受性の豊かな者たちはそう語って、目くばせをする。みんな利口で、なんでも知っている。だからみんなせせら笑ってばかりいる。喧嘩しても、すぐに和解する。そうでないと、胃に悪いから」（「序説」五）

ツァラトゥストラは、こういう万人の知恵を身につけるには、あまりにも長い年月、隠者であり続けた。彼は人格の内部から響いてくる独特の声に耳を傾けてきた。他人の言葉を口まねして語り合う市場の喧騒から離れていなければ、その声を聴くことはできないのだ。だから彼は、「君たち一人ひとりの内部でしか聞こえない声に耳を傾けなさい」、と呼びかけようとする。なぜなら、できることを語る声だけが自然に従っているのだから。

豊かな、充実した人生に敵対するものは、この声を聞こえなくするために、人びとの一致した叫び声に人の注意を向けさせる。一方ツァラトゥストラは、すべての人間の平等を叫ぶ人間には語りかけようとしない。誤解されるのが落ちだからだ。実際、そういう人たちは、超人という言葉を聞いても、超人とは、すべての人が同じようにそうなるべき理想の典型なのだ、と思ってしまうであろう。

ツァラトゥストラは、人びとがどうあるべきかについて、いちいち指図しようなどとは思っていない。ただ、一人ひとりがみずからに立ちかえるように求め、「あなたをあなた自身に委ねなさい。あなただけに従いなさい。あなた自身を徳や知恵や認識の上に置きなさい」、とだけ言いたいのだ。ツァラトゥストラは、みずからを求める者に語る。共通の目標を求める大衆に対してではなく、彼同様、わが道を行くものに対して、彼の言葉は向けられている。わが道を行くものだけがツァラトゥストラを理解する。なぜなら、そういうものは、ツァラトゥストラが次のように語ることはない、と知っているから。「見よ、これが超人である。彼のようになれ」。

ツァラトゥストラは、次のように語る。「私は自分を求めた。私はあなたがたに教える通りの人間だ。行って、あなたがた自身を求めなさい。そうすれば、超人になれる」。

「ひとりだけの隠者のために、そして二人だけの隠者のために、私は歌を歌おう。前代未聞の話を聞く耳のある人がいたら、私は私の幸せでその人の心に大きな負担をかけたい」(「序説」九)

12　二つの本能――蛇と鷲

二つの動物がツァラトゥストラの供をする。もっとも賢い蛇ともっとも誇り高い鷲である。これらはツァラトゥストラの本能をあらわしている。ツァラトゥストラが賢さを評価するのは、現実の入り組んだ道の行く手を教え、生きるのに必要な洞察を与えてくれるからである。誇り高さを愛するのは、みずからを人生の意味であり目的であると思えるほどに、自尊心を呼びさましてくれるからである。誇り高い人は、叡智と徳を自分より上に置こうとはしない。誇りは、「高次の聖なる」目標のために自分を見失ってしまうことがないように、人間を守ってくれる。ツァラトゥストラは、誇りを失うくらいなら、むしろ賢さを失った方がいいと思う。誇りを伴わない賢さなど、人間のやることとは思えないのだ。誇りと自尊心を持たない人は、賢さを天からの授かりものと信じている。そういう人は言うであろう。「人間はもともと愚かなのだ。天が授けてくれる分だけ、賢さをもっているにすぎない」と。

「そしていつか私の賢さが私を見捨てたなら、――ああ、賢さはいつでもすぐに飛び去ろうとする、そのときは、私の誇りが私の愚かさを伴って飛翔してくれるだけでい

い」〔「序説」一〇〕

13　人間精神の三つの変化

人間の精神が自分を見出すためには、三回変化を遂げなければならない、とツァラトゥストラは教えている。人間の精神は、まず第一に敬虔《けいけん》であろうとする。自分の上にのしかかってくるものを、徳と名づけ、その徳を高めるために、自分のことを卑しめる。人間の精神は語る。「すべての叡智は神のもとにある。そして私は神の道に付き従う。神はもっとも困難な課題を私に与えて、私の力が忍耐強いかどうか、ためしている。忍耐強くなければ、力が得られない」。この段階の精神は、言いなりになろうとする。宇宙の精神の命じることを、その意味を問わずに、遂行しようとする。人間の精神は高次の権力が自分に加える圧迫を受けとめる。人間の精神は自分の道を行くのではなく、自分が仕える者の道を行く。

しかしいつか、自分に語りかける神はいない、と気づくときが来る。そのとき、人間の精神は自由になり、自分自身の世界の主人であろうと望む。そして自分の運命のための基準を求める。もはや自分の生活設計を宇宙の精神から受けとろうとはしない。しかし「すべし」という聖なる掟には従おうとする。人間の精神は事物の価値を求める。この段階の精神は語る。――私に、私の意志に依存していない、私の人生規則が存在している筈だ。私はそのような規則に従いたい。私が自由なのは、そういう規則に従っているからだ。そう精神は考えている。

人間の精神はこの段階をも乗り超える。精神は子どものようになる。子どもは遊ぶとき、どう遊ぶべきかとは問わない。自分のやりたいように遊び、自分だけに従っている。「精神は自分の意志を欲する。世界を失った精神こそが、自分の世界を獲得する。

精神はらくだになり、らくだは獅子になり、獅子は最後に子どもになった。このことを私は君たちのために、精神の三つの変化と名づけた。――ツァラトゥストラはそう語った」(『ツァラトゥストラはこう語った』第一部「三段の変化」)

14　彼岸から此岸へ

人間の上に徳を置く賢者らは何を教えるつもりなのか、とツァラトゥストラは問う。義務を果たした人、聖なる「すべし」に従った人だけが魂の安らぎを得る、と賢者らは説く。人間が有徳であるのは、義務を果たして、理想の実現を夢見、良心の呵責《かしゃく》を感じなくてもすむようになるためだと教える。有徳の人は言う。――良心の呵責を感じる人は、眠りながら悪夢に悩まされる人に似ている、と。

「良い眠りを眠るには、あらゆる徳を積まなければならない、と心得ている人は少ない。偽証する人、姦通する人、身近な下女に欲情を抱く人、そういう人は良い眠りを妨げられる。……良い眠りは、神との平和、隣人との平和を求める。そして更に身近な人の心の中の悪魔との平和をさえも求める。そうしないと、夜な夜な悪魔があなたのまわりをうろつき廻るからだ」(『ツァラトゥストラはこう語った』第一部「徳の講壇」)

有徳の人は、衝動の命じるままに行為するのではなく、魂に安らぎをもたらす行為をする。安んじて人生を夢見ることができるような生き方をする。魂に安らぎを与える眠りが夢に妨げられなければ、もっと良い。だから、行為のための規則がどこか外から与えられ、いつでも心が安らぎで充たされているなら、有徳の人にとって何も言うことはない。「その人の叡智は命じる。よく眠れるために、今は目覚めていなさい、と。まことに、もしも人生に意味などなく、無意味な人生を選択せざるをえないというのなら、私にとっても、それがもっとも選びがいのある無意味であると言えよう」(「徳の講壇」)。ツァラトゥストラはそう語っている。

世界の外にましますが神が世界を創った、と信じていたときが、ツァラトゥストラにもあった。ツァラトゥストラは、満足することのない、苦悩する神を考えていた。神が世界を創造したのは、おのれの苦悩から解放され、安心を得るためである、とかつてのツァラトゥストラは考えていた。しかしその考えは自分のために創り出された妄想だったのだ。そのことを、彼は洞察するようになった。「ああ、兄弟たち、私が創造したこの神は、すべての神々と同じように、人間の作りものであり、人間の妄想だったのだ」(『ツァラトゥストラはこう語った』第一部「背後の世界を説く者たち」)。

ツァラトゥストラは自分の感覚を働かせて世界を考察することを学んだ。そして世界に不満を抱くことをやめた。もはや彼岸へ思いを馳せることもなかった。かつては盲目であり、世界を見ることができなかった。だから世界外のところに救済を求めた。しかしツァラトゥストラは、世界がその内部にみずからの存在意味をもっていることを見、認識するようになった。

「私の自我は、新しい誇りを私に教えた。私はその誇りを人びとに教える。すなわち、もはや頭を天上の砂の中につっこんだりはしない。自由に大地の頭を働かせて、大地の意味を明らかにする」(「背後の世界を説く者たち」)

15 体という偉大な理性

観念論者は、人間を体と魂に分裂させ、すべての存在を理念と現実に区分した。そして魂、精神、理念を特別価値あるものにし、現実、体をますます軽蔑の対象にしてしまった。しかしツァラトゥストラは言う。――ひとつの現実、ひとつの体だけが存在する。そして魂は体に属する何かであるにすぎず、理念は現実に属する何かであるにすぎない、と。人間の体と魂はひとつの統一体である。身体と精神はひとつの根から発している。精神が存在するのは、その精神を発達させる力をもつ身体が存在するからである。植物がみずからの中に花を生じさせるように、身体はみずからの中に精神を生じさせる。

「兄弟よ、君の思考と感情の背後には、強力な支配者が、知られざる賢者がひかえている。それは自己とも呼ばれる。君の体内にそれが宿っている。それは君の体なのだ」(『ツァラトゥストラはこう語った』第一部「肉体の軽蔑者」)

現実感覚の持ち主は、現実の中に精神と魂を求める。現実の中に理性を求める。現実を非精神的であり、「単なる粗野な自然」にすぎないと見做す人は、精神、魂を特別の存在であると考えている。そして現実を精神の住《すま》いだと思っている。しかしそういう人は、精神そのものを知覚する感覚さえもっていない。精神を現実の中に見ていないので、現実以外のところに精神を求めている。

「体の中には、君の最上の叡智の中にあるもの以上の理性が働いている」

「体はひとつの偉大な理性である。ひとつの意味をもった多様性であり、ひとつの戦争とひとつの平和、ひとつの畜群とひとりの牧者である。

君の小さな理性も、君の体の道具なのだ。兄弟よ、君の言う「精神」とは、君の偉大な理性である体の小さな道具であり、遊具であるに過ぎない」(「肉体の軽蔑者」)

植物から花をむしり取って、その花がいつか実を結ぶと思うのは、愚か者である。同様に、自然から精神を切り離して、その精神に創造する能力があると思うのも、愚か者である。

病んだ本能をもった人は、精神と身体を分離させようとしてきた。病んだ本能だけが言う、私の国はこの世のものではない、と。健康な本能の国はこの世だけである。

16　芸術家と哲学者

こういう現実侮蔑者たちは、いったいどんな理想を創造したのか。「此岸から眼をそむけて、彼岸を見よ」、と語る禁欲者たちの理想を見てみよう。禁欲的な理想とは何か。こう問い、そして推測をまじえてそれに答えるときのニーチェは、近代西洋文化に満足できないみずからの心を、極めて深刻な仕方でわれわれに開示している（『道徳の系譜』第三論文）。

例えば、リヒャルト・ヴァーグナーのような芸術家が創造活動の最後に禁欲的な理想を信奉するようになったこと自体は、それほど重要なことではない。芸術家は生涯を通じて自分の作品の上に立っている。上から現実の自分を見下ろして、現実ではない自分の現実を創造しているのだ。「もしもホメロスがアキレウスであり、もしもゲーテがファウストであったなら、ホメロスはアキレウスを、ゲーテはファウストを詩作することはなかったであろう」（『道徳の系譜』第三論文四）。

そのような芸術家が一度自分の人生そのものに本気で取り組み、自分自身と自分の個人的な観点とを現実に転化しようとするとき、非常に非現実的なものが生じるのは不思議なことではない。リヒャルト・ヴァーグナーは、ショーペンハウアーの哲学を知って、芸術についての考え方をまったく変えてしまった。以前のヴァーグナーは、音楽を表現手段と見做していた。演劇こそがその表現手段によって表現されるべき何かだった。ヴァーグナーは、著書『オペラとドラマ』(一八五一年)の中で、オペラ作者の最大の誤謬《ごびゅう》は、「表現手段(音楽)を目的にし、表現目的(ドラマ)を手段にしてしまった」ことにある、と述べている。

このヴァーグナーは、ショーペンハウアーの音楽思想を知ったあと、別の考え方をするようになってしまった。ショーペンハウアーは、音楽を通して事物の本性そのものがわれわれに語りかけてくる、と考えている。万物の中に生きている永遠の意志は、他のすべての芸術分野においては、その模像として、思想としてしか現れてこない。しかし音楽における意志は、単なる像としてではなく、意志そのものが直接そこに顕現している。われわれの観念の中では、模像としてしか現れてこない意志、一切の存在の永遠の根拠である意志を、ショーペンハウアーは音楽の響きの中に直接聴きとることができると信じた。彼にとって音楽は、彼岸から響いてくる通信だった。

この考え方がリヒャルト・ヴァーグナーに影響した。ヴァーグナーは、これまでのように、音楽を演劇に体現されている真に人間的な情念の表現手段であるとは見做さなくなった。音楽は「物のそれ自体の一種のマウスピース〔吹き口〕、彼岸への直通電話」である、と考えるようになった。それからのヴァーグナーは、音楽が此岸の現実を表現しているとは、もはや思わなくなった。「神の腹話術師である彼は、そのときから音楽を語るだけでなく、形而上学をも語るようになった。だから、その末にとうとう禁欲的な理想を語るようになったとしても、不思議なことではない」(『道徳の系譜』第三論文五)。

リヒャルト・ヴァーグナーが音楽の意味についての考え方をただ変えただけであったなら、ニーチェはヴァーグナーを非難しようと思わなかったであろう。せいぜい、ヴァーグナーは作品を創造するだけでなく、芸術に関する間違った理論をも展開するようになった、と言うだけだったであろう。しかし晩年のヴァーグナーは、ショーペンハウアーの彼岸信仰を作品の中で表現し、現実逃避を賛美するために音楽を用いた。このことはニーチェの趣味に反することだった。

しかし『ヴァーグナーの場合』は、此岸の犠牲の上に彼岸を賛美することの意味について、禁欲的な理想の意味について、何も論じてはいない。そういう芸術家たちは、自分の足で立っていないからだ。リヒャルト・ヴァーグナーがショーペンハウアーに依存しているように、芸術家たちは「どんな時代にも、道徳または哲学または宗教の従者だった」(『道徳の系譜』第三論文五)。哲学者たちが現実を軽蔑し、禁欲的な理想の側に立つときは、別である。彼らは深い本能からそうするのだから。

ショーペンハウアーは、芸術作品の創造と鑑賞を論じたとき、この哲学者の本能を明らかにしている。

「それ故芸術作品は、美的享受のもとになる諸理念の理解を容易にしてくれる。芸術が、非本質的な部分を取り除き、本質的な部分だけを際立たせることによって、事柄をより明瞭に、より特徴的に表現するからだけではない。事柄の本質をまったく客観的に把握できるように、意志を完全に沈黙させるからでもある。そのために、意志と結びついている事柄の領域に観察対象を求めないのだ」(『意志と表象としての世界』第三巻三〇章の補遺)

「けれどもわれわれが外から刺激を受けたり、内なる気分に促されたりして、突然意欲の終りなき流れから引き上げられ、認識が意志の奴隷奉仕から引き離され、もはや意欲の動機に左右されず、事柄を意志と結びつけず、それ故利害関係、主観性から自由な立場で、まったく客観的に事柄を考察し、事柄を動機としてではなく、単なる観念として扱い、その事柄に完全に帰依するとき、……エピクロスが最高善であり、神々の状態であると讃《たた》えた、あの苦悩を知らぬ状態が達成される。そのとき、われわれは厚かましい意志衝動から解放される。そのとき、われわれは意欲という刑務所作業の安息日を祝う。イクシオンの車〔ヘラを犯そうとした廉《かど》で、イクシオンが永遠に回転する火焔車に縛りつけられたという故事による〕は止まったのである」(『意志と表象としての世界』三八)

これは哲学者の頭に思い浮かんだ一種の美的享受説であるが、ニーチェはこの説に対して別の説を立てる。その説は、美を「幸福の約束」と呼ぶ「スタンダールのような真の鑑賞者にして芸術家である人物が立てた」説である。ショーペンハウアーは、芸術作品を考察するときに、意志の一切の関心を排除し、一切の現実生活を排除して、精神だけでそれを享受しようとするが、スタンダールは、芸術作品の中に幸福の約束を、つまり生きることの意味を見、芸術と生活との関連の中に、芸術の価値を見る。

カントによれば、美しい芸術作品は関心をもつことなしにも満足を与える、つまり現実生活からわれわれを引き離して、純情神的な喜びを与える。

哲学者は芸術から何を求めるのか。現実からの救済を求めるのだ。哲学者は、芸術作品を通して、現実から離れた気分にひたろうとするが、それによって自分の根本本能を裏切っている。哲学者は、現実から逃れた瞬間に、最大の満足感を得る。美的享受を論じる哲学者は、自分は現実を愛していない、と告白しているのだ。哲学者たちの美学理論は、人生を洞察する人が何を芸術作品に期待するかではなく、何が哲学者たちに見合っているかを論じている。つまり彼らは現実逃避を望んでいるのだ。哲学者は自分の曲がりくねった思考の道を現実と交わらせようとしない。哲学者は、人生に背を向けたままで、思考を活発に働かせる。だから哲学者の根本本能が生活を敵視する気分に変わっても、少しも不思議ではない。

そういう気分は、大多数の哲学者の中にはっきりと見てとれる。哲学者は生活に対するおのれの反感を教養にして、すべての人にその教養を受けいれるように求めている。ショーペンハウアーもそうした。彼は世間の喧騒が自分の思考作業を妨げると思い、現実から逃避するときこそ、その現実をもっともよく考察できる、と感じた。彼はその際、現実についてのすべての思考がその現実から発するときにのみ、価値と意味をもつことを忘れていた。彼は、哲学者が現実から身を退けるのは、人生から離れたところで生み出された哲学思想が人生により役立ちうるためである、とは思わなかった。哲学者だけに役立つ根本本能を人類全体に押しつけようとする哲学者は、人生の敵になるしかない。人生に役立つ思想を生み出すための手段として現実逃避を求めるのではなく、現実逃避を目的にし、目標にする哲学者は、無価値なものしか創造できない。真の哲学者は現実から逃避する一方で、ますます現実を深く掘り下げようとする。しかし、この根本本能が、現実逃避そのものを価値あることのように、哲学者に思わせてしまうことも理解できる。そうなったときの哲学者は、世界否定の代弁者になる。そして人生に背を向け、禁欲的な理想に従うようにと教える。

「ある種の禁欲主義、……前向きのきびしく、明るい断念は、最高の精神性のための好ましい条件のひとつであり、同様にまたそのもっとも自然な結果でもある。したがって禁欲的な理想がまさに哲学者によって、無条件にではなくても、好感をもって扱われてきたのは、もとより異とするには当たらない」(『道徳の系譜』第三論文九)

17　祭司の禁欲理想

祭司の禁欲理想は、別の起源をもっている。哲学者が哲学者なりに正当な衝動の赴くままに生み出す理想、それが祭司の仕事の根本的な理想になっている。祭司は、現実生活に没頭するのは間違いだと思っている。単なる自然力よりも高次の力に従う生活を大切にし、この世の現実生活を軽視する。祭司は、現実生活それ自体に意味があるとは思わず、高次の意志を導入することで現実生活を意味あるものにしようとする。時の流れに左右される生活を不完全であるとして、その生活に永遠で完全な生活を対置して、時間にとらわれることのない、永遠不変な生活に入ることを教える。

ここで祭司的思考を示すものとして、『ドイツ神学』から若干引用してみよう。この十四世紀の有名な書については、ルターがこう述べている。「聖書と聖アウグスティヌスを除けば、神とキリストと人間について、この書以上に多くを学べる書物はない」、と。

ショーペンハウアーもまた、キリスト教精神がこの書の中で力強く、しかも完全に語られている、と思っている。名前の知られていないこの書の作者は、世の中のすべての事柄は、不完全であり、部分であるにすぎないが、その一方で、「みずからの中に、その存在そのものの中に万有を包含した一者が存在している。この存在なしには、その存在以外には、何も真なるものはなく、万物の本性はその中に見出せる」。この未知の著者は、こう述べたあと、更に——人間は、みずからの被造物性、被造物としての自我、自己などをすべて自分の中から排除したときにのみ、この存在の中に身を置くことができる、と述べている。

この完全なる存在から流出したもの、人間が今自分の現実世界だと思っているものについては、以下のように特徴づけられている。

「それは決して真なるものではない。完全な存在の中にしか真なる存在はない。だからそれは本質を欠いた偶然の所産か仮象の輝きかである。どんな存在も、輝きを生じさせる火、太陽、または光以外のところには存在していない。

聖書は、そして信仰と真実は、こう語っている。——罪は、被造物が恒常の善にそむき、そして無常なものに頼るときに現れる。言い換えれば、罪は、被造物が完全なものから離れて、部分存在に、不完全なものに、そしてもちろん自分自身に到ろうとするときに現れる。

そこで考えてみよう。人間が自分のことを本質として、生命として、知識として、認識として、能力として、要するに良いと言える何かとして考えていたなら、そして人間がそういう人間自身の所産であり、人間の被造物に由来するものであると思ったなら、その人間は人間から離反してしまう。実際、悪魔が堕落し離反したのは、自分が何ものかであり、何ものかが自分のものであり、自分に属していると思った結果に他ならない。そう思うこと、そして自分の自我は、自分の「私は」、「私を」、「私に」、「私の」は、悪魔の堕落と離反の現れなのだ。その点は今も変わりない。……なぜなら、良いと思える事柄、良いと言える事柄はすべて、誰のものでもないのだから。永遠なる、真なる善、つまり神だけのものなのだから。だからそれを自分のものだと思うものは、間違っており、神に反抗しているのである」（以上『ドイツ神学』一、二、四章　プファイファー訳より）

以上の文章は、すべての祭司の立場を代弁して、祭司であることの意味を語っている。そしてこの祭司の立場は、ニーチェの言う、高級な、生きるに値する立場の正反対である。高級なタイプの人間は、常に、もっぱらみずからによってみずからであろうとする。良いと思い、良いと呼べるものはすべて、自分自身以外の誰のものでもない。

しかしあの低級な立場は、例外的な立場なのではない。その立場は、「もっとも広範囲に及び、もっとも長い間存在し続けている事実のひとつである。

遠くの星から見たら、われわれ地球の万物の霊長たちは、おそらく次のようなあやまった結論に導かれている愚か者に見えるであろう。――地球は本来、禁欲的な星なのだが、不平不満ばかりの、高慢ちきな、おぞましい生きものの隠れ場所になっている。この生きものは、自分に対する、地球に対する、すべての生命に対する深い不快感から逃れることができずにいる」(『道徳の系譜』第三論文一一)

そのように、禁欲的な祭司が存在せざるをえないのは、大多数の人間が生命力の「抑圧と疲弊」に悩み、現実に悩んでいるからなのだ。禁欲的な祭司は、人生に悩んでいる人たちの慰め手なのであり、医《いや》し手なのだ。その人たちを慰めるために、次のように語るのだ。「君たちを悩ませているこの人生は、真の人生ではない。真の人生は、この人生にすがりついている健康な人たちの人生よりも、はるかに手に入れやすい」。こういう言い方を通して、祭司はこの実人生を軽蔑し、誹謗《ひぼう》することに力を入れている。最後に祭司は、次のように語る。「真の生活を手に入れるには、この実人生を否定しなければならない」。

禁欲的な祭司が強力なのは、こういう考えが広く行きわたっているからである。祭司はこの考えを普及させることによって、健康な、強力な、自意識をもった人びとが、不幸な、勝負に敗れ、打ちひしがれた人びとを脅かすことがないようにしている。不幸な人たちは、自分の力を奪いとる健康な人や心身共に幸福な人を憎んでいる。その憎しみの結果、弱い人たちは強い人たちを全滅させようと、絶えず戦争をしかけている。そして祭司はこの弱い人の憎しみを何とか充たそうとし、そのために強い人に対して、人間にふさわしくない無価値な人生を送っていると非難する。真の生活をまっとうするのは、地上生活に傷つけられている人びとだけだ、と主張するのだ。

「禁欲的な祭司は、自分たちがあらかじめ定められた救世主であり、羊飼いであり、病んだ家畜の番人である、とわれわれに思わせている。ここに祭司のおそるべき歴史的なミッションがある。悩める者たちを支配することが、祭司の役目なのだ。祭司は本能的にそうしており、そうすることが祭司の特技であり、この点に祭司の名人ぶりが発揮されており、ここにこそ祭司のしあわせがある」(『道徳の系譜』第三論文一五)

このような考え方が、最後には、信者たちに人生を蔑視させるだけでなく、人生を破滅に導いてしまうのは、不思議なことではない。悩める者、弱者こそが実際に高次の世界に到ることができる、と語られ続けると、最後には苦悩、弱さが求められるようになる。自分自身に苦悩を与え、みずからの意志をすべて押し殺すことが、人生の目標になってしまう。

聖者たちはこの立場の犠牲者なのだ。「完全な純潔さ、一切の欲望の断念は、本来の聖なる在り方を求める人にとっては、不可欠な徳である。一切の財産を放棄し、住居も同居人も見棄て、完全な深い孤独の中で、瞑想三昧にふける。自主的に贖罪を行い、長い間おそろしい拷問を自分に科す。意志を完全に抑制して、最後には断食したり、ヒマラヤの聖山の頂から身を投じたり、ワニの前に身をなげ出したり、生きたまま土に埋められたり、インドの舞姫たちの唄い、叫び、躍る中で神々の像を運ぶ巨大な車の下敷きになったりする」。これこそが禁欲的な志の最後の花なのだ(ショーペンハウアー『意志と表象としての世界』六八)。

祭司のこの考え方は、人生の苦悩を利用し、その武器を人生そのものに向けている。健康な人、人生に喜びをもっている人がこの考え方に染まったなら、健康な力強い本能がすっかり弱められてしまうだろう。ニーチェの著作のもっとも偉大なところは、この教えに対して別の教えを対置し、健康な人、成功した人のための立場を明示したことにある。失敗した人、堕落した人が禁欲的な祭司たちの教えによって救われるのはかまわないが、ニーチェは、健康な人たちを自分の周囲に集めて、人生に敵対的などんな理想よりも、その人たちにふさわしい考え方を明らかに語ろうとするのである。

18　禁欲的理想の最終形態

禁欲的な理想は、近代科学の育成者たちの中にも見ることができる。近代科学は一切の古い信仰を放り出して、現実だけに関わろうとする。数えたり、計算したり、計量したり、眼で見たり、手でつかんだりすることのできないものは、何も取り上げようとはしない。それだけでなく、「数学者のための計算練習と坐りづめの仕事に人生を貶《おとし》める」(『華やぐ知慧』三七三)ことさえも、近代の学者は何とも思っていない。

そのような学者は、感覚と理性の前を通り過ぎる世の中の出来事に対して、自分で解釈を加えること、つまり思考の力でその出来事を整理することの権利が自分にあるとは信じていない。真理は自分の解釈力とは何の関係もない、自分が真理を作り出すのではなく、自分はただ世界の諸現象の命じるままを書き記すだけなのだ、と思っている。

近代科学が世界の諸現象をすべて自分の中に取り込むとき、この近代科学は一体どこへ行きつくのか。それについては、近代科学の信奉者(リヒャルト・ヴァーレ)が、最近出版された書『哲学の全体とその終熄』の中で次のように述べている。

「世界構造に眼を向け、出来事の本質と目標をあれこれ思索してきた精神は、結局どんな答を見つけ出すことができたのだろうか。一見して環境世界と対立しているように見えるこの精神は、みずからの存在を無にして、出来事を呪いながら、すべての出来事の中に融け込んでしまうことになったのである。この精神は、もはや世界のことを理解しなくなった。出来事だけがあって、それを認識している人がいるかどうかは定かでない、と言うだけなのである。

出来事が生じると、もちろんその出来事を知るための概念がすぐに、不完全なままに生じてくる。そして諸概念が、出来事に光を当てるために、すぐに浮かび上がってくる。しかし、それは鬼火のように現れる。それは知識を得ようとする願望の現れであり、まだ充たされていない知のための慈悲深い形式である。確信がもてたときにも、何も語らない。知られざるさまざまな要因が交互に働いているに違いないからだ。暗黒が知の本性を覆っている。出来事は知られざる事実を覆うヴェールにすぎない」

人格は現実の出来事に意味を与えることができないし、事件を起こすときの知られざる要因をみずからの能力で発見することもできない。近代の学者はみんなそう考えている。だから現象のこの呪いをみずからの人格に由来する理念によって解釈するのを避けようとする。現象をただ観察し、記述するだけで、それを解釈しようとはしない。事実に留まる。そして創造的なファンタジーが現実の構造を見ようとしても、そうはさせない。

例えば、エルンスト・ヘッケルのような想像力豊かな自然学者が現れて、個別的な観察の成果を地上の有機生命の進化の全体像にまとめようとすると、事実一点ばりの狂信者たちがこの学者に襲いかかって、真理を冒瀆《ぼうとく》するものだと非難する。自然における生命のいとなみをイメージしようとしても、この連中はそのいとなみを眼で見ることも、手で触れることもできないので、みずからの人格の理念に色づけられるよりも、非人格的な仕方で判断することの方を好む。観察するときには、人格を完全に排除すべきだと考える。

事実一点ばりの狂信者たちを支配しているのは、禁欲的な理想なのである。彼らは個人的な判断の彼方に真理を求める。人が事物の中に「想像の産物を持ち込む」ことができるとは、思っていない。「真理」は神であり、絶対的に完全なものなのである。人が真理を発見し、真理に手を合わせることはできるであろう。しかし真理を創造することはできない。そう思いこんでいる自然学者、歴史学者は、禁欲的な理想を担った宗教家と同じ精神に取りつかれている。その精神の下で事実を数え上げ、事実を記述する。それ以上には出ない。事実について更に考えを進めていってはいけない。どんな個人的な判断も持ち出すことは許されないのだ。

無神論者たちもまた、こういう禁欲的な近代科学者に属している。無神論者は、神を信じる同時代人より自由な精神なのではない。神の実在を近代科学の手段で証明することはできないから、デュ・ボア・レイモンのような近代科学の輝ける星のひとりは、「宇宙魂」の仮説について、こう述べている。――自然学者がそういう仮説に達する前に、その宇宙魂が「宇宙のどこかで、神経系をそなえた世界のどこかで、ベッドに横たわり、動脈の熱い血液を正常に循環させていること、その宇宙魂の精神能力に見合った神経節と神経繊維の束があることを見せてくれなければならない」(『自然認識の限界』)。

近代科学が神信仰を拒否するのは、この信仰が「客観的真理」信仰と両立できないからである。しかしこの客観的真理は、古い神に勝利した新しい神以外の何ものでもない。

「無条件に誠実な無神論は(――そしてこの時代のもっと精神的存在であるわれわ

れは、ただこの無神論の空気を呼吸しているだけなのだが）見かけほどあの〔宗教的＝禁欲的な〕理想に対立しているわけではない。むしろその理想の最後の発展段階のひとつ、その最終形態、その内的帰結のひとつにすぎないのだ。この無神論は、二千年に及ぶ真理探究の努力のいとも見事な破局である。その結果として、最後に神信仰という虚偽が禁じられるようになっただけなのである」（『道徳の系譜』第三論文二七）

キリスト教徒は神の中に真理を求める。なぜなら、神こそが一切の真理の源だと思っているのだから。近代無神論者は神信仰を拒否する。なぜなら、彼の神が、真理に関する彼の理想が、この信仰を禁じているのだから。近代精神は、神は人間の所産である、と思っている。そして「真理」は人間の所産ではなく、それ自身で存在するものだ、と思っている。真に「自由な精神」は、更に先まで行く。そして「真理への意志とは何を意味するものなのか」、と問う。何のための真理なのか。すべての真理は、人間が世界の諸現象について考察し、諸事物についての思考内容を作り上げたことによって生じるのではないのか。人間自身が真理の創造者なのではないのか。「自由な精神」は、自分が真理を創造したことを意識している。真理を考察するとき、もはや自分が真理に従っているとは思っていない。真理を自分の被造物だと思っている。

19　認識衝動の行方

歪んだ弱い認識衝動の持ち主は、世界の諸現象を意味づけるのに、自分の人格のもつ概念構成力を用いようとはしない。「自然の合法則性」が事実となって眼の前に現れてくるのを待っている。だから人間精神の特性を担った、主観的な世界像は、無価値だと思っている。

しかし、世界の諸事象をただ観察するだけだと、細部の明らかでない、そして相互に関連のない世界像しか現れない。どんな対象も、どんな出来事も、事物をただ観察しているだけだと、他のものよりも重要にも有意味にもならない。客観的事実をただ眺めているだけだと、生命の進化にとって何の意味も見出せないような生物の退化した器官の痕跡も、その生物のもっとも高貴な部分も、まったく同じ観察対象になってしまう。観察するだけなら、原因と結果をわざわざ区別する必要もなく、すべてが互いに入り組んだ一連の現象となって現れるだけであろう。われわれが思考を働かせて、互いに入り混じった諸現象を区別し、分類し、整理するときはじめて、合法則的な関連が現れて、ある現象が原因であり、別の現象が結果であることが明らかになる。雨のしずくが地面に落ちて、みぞをつくるのを見るとき、思考できなければ、そこに原因と結果を見ないで、ただ現象をそのまま見るだけである。思考できる人は、諸現象を分け、一つひとつの現象を関係づけ、ひとつの現象を原因、別の現象を結果と呼ぶ。知性は、観察を通して、思考内容を生み出す。そしてその思考内容をもとに、観察した諸事実から思想豊かな世界像をまとめあげる。観察したすべてを自由に処理できる思考内容にする。はじめは、眼の前に意味不明な何かが現れ、それが未知の圧力となって働きかけてくる。人はこの圧力に立ち向かい、それを思考対象にすることで、それを処理する。諸現象を数えたり、計ったり、分析したりする行為はすべて、この理由によってなされる。それが認識衝動であり、ひとつの権力への意志である(私はこの認識の過程を私の著書『真理と科学』と『自由の哲学』の中で詳論した)。

頭の働きが鈍い、知性に乏しい人は、権力を得ようとして自分が諸現象に解釈を加えているのだということを、なかなか認めたがらない。だから自分の解釈を事実だと錯覚している。そういう人はこう問おうとする。「どうして人間は現実の中に法則が存在している、と分かるのか。どうして知性は二つの相前後して生じる現象の中に原因と結果を認めることができるのか」。

ロック、ヒューム、カントから現代まで、すべての認識論者は、この問題に取り組んできた。その際、彼らが組立ててきた理屈は、何の成果ももたらさなかった。なぜなら、人間知性が権力を求めるということの中にこそ、その理由が見出せるのだから。「現象についての判断は可能か」と問うべきなのではなく、「人間の知性はそういう判断を必要としているのか」と問うべきなのである。人間知性がそういう判断を必要としているからこそ、判断を行っているのであって、そういう判断が可能だからそうしているのではないのだ。

「われわれのような種類の生きものを生かすためには、自分の判断は正しい、と自分に信じさせなければならないのだ。このことを理解することが大切なのだ。だから判断が間違った判断であっても、いっこうにかまわない」(『善悪の彼岸』一一)「そして原則的に、もっとも間違った判断こそがわれわれにとって……もっとも必要不可欠な判断なのだ、とわれわれは主張したい。論理的な虚構を利用したり、無制約的な者や永遠に不滅な者のいる、純粋に虚構の世界に即して現実を測ったりすることなしには、または数量化によって世界をたえず偽造することなしには、人間は生きていくことができないのだ、と主張したい。つまり偽りの判断を断念する

ことは、生きることを断念することなのであり、生きることを否定することなのである」(『善悪の彼岸』四)

こういう主張を理屈に合わないと思う人は、幾何学を現実に適用することがどんなに人生に役立っているかを思うべきである。世界には幾何学的に正確な線や面などはどこにも存在していないにも拘らず、である。

すべて、事物についての判断は自分自身に由来する、そして、自分がそういう判断をし、自分がその判断を観察内容と結びつけている、と認める軟弱な知性は、その判断を無条件に外に妥当させようとする勇気をもっていない。だからその人はこう語る。「こういう種類の判断は、事物の「真の本質」についての認識を伝えているわけではない。「真の本質」はわれわれの認識には閉ざされている」。

別のやり方でも、この軟弱な知性は、人間の認識力が確実なものを手に入れることができない、と証明しようとして、こう語る。「人間は事物や経過を見、聞き、触れる。その際の知覚内容は、感覚器官に応じた印象である。人間が色や音を知覚するときには、こう語ることしかできない。——私の眼や耳は、色や音を特定の仕方で知覚するように定められている」。

人間は何かを自分の外に知覚するのではなく、みずからの感覚器官に応じた様態だけを知覚している。知覚においては、眼や耳などが一定の仕方で感じとるように仕組まれている。眼や耳などが特定の状態に置かれる。人間は自分の器官のそういう状態を、色や音や匂いなどとして知覚する。人間は、どんな知覚の場合にも、自分自身の状態を知覚しているだけなのだ。外界と呼ばれるものは、こういう状態の寄せ集めにすぎない。それ故、本来の意味では、その人のやっていることなのだ。事物が人間に訴えかけて、外界をつむぎ出させている、と言えるような事物があるとは思えない。ただ、人間の器官に働きかける事物の作用があるだけである。こう考えたときの世界は、知られざる何かに促されて見る夢と変わりはない。

以上の考えを徹底して考え抜くと、次のような結論にいたる。——人は自分の器官をも、知覚によって認めているのだ。自分の器官も、自分の知覚世界の中の一部分なのだ。人は、世界の像を自分の中からつむぎ出している。そしてその限りにおいて、人はみずからの自己を意識している。人は夢の像を知覚する。そしてその夢の像の中に、その夢の像を見ているひとつの「自我」が現れる。どんな夢の像も、この「自我」を伴っている。どんな夢の像も、この「自我」との関係において、夢の世界の中に現れる、とも言える。この「自我」は、夢の像の中の働きであり、特質である。

だからこの「自我」は、夢の像の働きであり、それ自身が夢なのである。J・G・フィヒテはこの見解を次のように総括している。

「知によって、そして知から生じるものは、知だけである。しかしすべての知は、模像にすぎない。知は、常にこの模像に見合った何かを要求している。しかしその要求は、どんな知によっても充たされない。知の体系は、一切の現実性、意味、目的をもたない、単なる模像の体系でしかない」

「一切の現実性」は、フィヒテにとって、ひとつのすばらしい「夢なのである。そこにはその夢を夢見る生命もなければ、その夢が思い描く精神も存在しない」。そのような夢は「おのずとひとつの夢にまとまった夢」なのである（『人間の使命』第二巻）。

こういう考え方全体には、どんな意味があるのか。自分で世界に意味を与えようとしない、軟弱な知性は、意味を観察対象である世界の中に見出そうとする。しかし単なる観察は思考を欠いているので、そういう知性が意味を見出すことは、もちろんできない。

力強い、生産的な知性は、観察対象を解釈するために、概念世界を用いる。力の弱い、非生産的な知性は、そうするには自分があまりにも無力であると告白して、こう語る。

「私は世界の諸現象の中に意味を見出すことができない。諸現象は私の傍らを通り過ぎていく像にすぎない。生存の意味は現象世界の外に、その彼方に求めるしかない」。こう語るとき、現象世界は、つまり人間の現実は、夢となり、幻影となり、無となる。そして諸現象の「真の本質」は、どんな観察も、どんな認識も手のとどかぬ「物自体」の中にしか求められなくなる。つまり、認識する人は、この「真の本質」を認識の対象にすることができないのである。したがって、「真の本質」なるものは、認識する人にとっては、まったく空虚な思考内容を、つまり無を思考しているだけなのである。「物自体」について語る哲学者たちにとって、現象世界とは夢に他ならない。そしてこの現象世界の「真の本質」は、無でしかない。「物自体」について語る哲学運動はすべて、——近代においては特にカントの立場に依拠しているが、——無への信仰であり、哲学的虚無主義なのである。

20　個的意志の創造性

強靭《きょうじん》な精神は、人間に行動を促す原因を、常に、個人の権力への意志の中に見出す。しかし弱い、勇気のない知性の持ち主は、このことを認めたがらない。自分の行動を決めるのが自分であると認めるだけの勇気がないからである。そこで自分を左右する衝動が、自分ではない権力の命令によると考える。私は、自分が欲する通りに行動する、とは言わないで、自分はそうすべきだと命じる掟に従って行動する、と言う。そう言う人は、自分で命令しようとは望まず、従いたがる。ある段階まで成長した人は、行動を促す働きが神の掟に由来すると思い、別の段階にまで成長した人は、自分は内部の命令する声を聴いている、と信じている。後者の場合でも、命令するのは自分であるとは言わないで、高次の意志が私の中で語っているのだと主張する。自分の良心が個々の場合に、どう行動すべきか語ってくれる、というのが、こういう人の考え方なのである。別の人は、「定言命令」が自分に命じるのだと主張する。J・G・フィヒテの言葉を聴いてみよう。

「そもそも何かが生じるべきなのは、そのとき良心が私に……求めていることが、生じるべきであるからなのだ。何かが生じなければならないために、ただそのためにのみ、私はここにいる。そのことを認識するために、私は知性をもっている。そのことを実行するために、私は力をもっている」(『人間の使命』第三巻)

J・G・フィヒテのこの言葉が私は好きだ。フィヒテはゆるがぬ首尾一貫性をもって、「弱い人、だめな人」の意見を、最後まで考えぬいている。しかし、このような意見が最後にはどこへ行き着くのかを見極めるには、その意見が最後まで考え抜かれていなければならない。思想を中途までしか考えない人の意見は頼りにならない。

上に述べた考え方をする人たちは、個性の中に知識の源泉を求めず、個性を超えた「意志そのもの」の中にそれを求める。そしてこの「意志そのもの」は、「神の声」「良心の声」「定言命令」などとなって、個人に語りかける。それは人間の行動の普遍的な導き手であり、道徳の源泉であり、そして道徳行為の目的でもある。

「私は言いたい。行動のための掟は、それ自身によって私に目的を与えるものなのである。こう行動すべきである、と考えざるをえなくさせるものが、私の中にあって、その行動からは何か大事な結果が生じる、と信じないわけにはいかなくなる。それは別の世界への展望を開いてくれる」「私が従順に生きるとき、同時に、従順であることの目的を私は見ている。その目的が私に約束するよりよい世界に私は生きている」(フィヒテ『人間の使命』第三巻)

このように考える人は、自分で目標を設定しようとはしない。高次の意志によって、目標に導かれたいと望む。自分を自分の意志から切り離して、「高次の」目的の道具にしようとする。私の知る限り、従順と謙譲について、「永遠なる意志そのもの」への帰依について、これ以上に考えられないほど美しい言葉で、フィヒテは、こう述べている。

「崇高な、生きた意志よ、あなたはどんな名でも呼べません。どんな概念でも捉えられません。だから私の心をあなたのところに差し出させて下さい。私は自分をあなたと区別できません。あなたの声は、私の中で響き、私の声はあなたの中で反響します。そして、真にして善である限りでの私のすべての思いは、あなたの中で考えられたのです。

理解を超えたあなたの中で、私は私自身になります。そのとき、世界は完全に理解できるものになります。私の人生のすべての謎が解き明かされます。そして私の心の中に、完璧な調和が生きるのです」

「私はあなたの前で、自分の顔を覆います。そして手で口を覆います。あなたがあなた自身にとってどんな存在なのかは、私にはまったく分かりません。私はそれほど確かにあなた自身になることはできません。何千かける何千回生きたあとでも、

この地上の小屋にいる私は、あなたのことを今と同じ程度にしか理解できないでしょう」(『人間の使命』第三巻)

この意志が最後に人間をどこへ導こうとするのか、個人には知るよしもない、というのだ。だからこの意志を信じる人は、自分の行動の最終目的について何も知らない、と告白しているのと同じである。個人が創造する目標は、こういう高次の意志の信者にとっては、本当の目標ではない。こういう信者は、個人が創る個別目標の代わりに、全人類の究極目標を提示するが、その目標の思想内容は、無に等しい。だからこういう信者は、道徳的虚無主義者である。こういう信者は、最悪の意味で、空想をほしいままにし、無知にとらわれている。ニーチェは、未完成にとどまった著作『権力への意志』の中で、この無知について論じている(ニーチェ全集 第八巻の補遺を参照せよ)。フィヒテの『人間の使命』(第三巻)では、この道徳的虚無主義がむしろ讃えられている。

「有限であることの本質が何を私にあきらめさせているか、私は問おうとは思わない。そう問うのは、私にとって、何の役にも立たないことだから。あなたがあなた自身にとってどういう存在なのか、私は知ろうとは思わない。しかし私とあなたとの結びつき、有限なる者とあなたとの関係は、私の眼にはっきりと見えている。あるべきものになれ！　とあなたは私に命じる。この関係が、私自身の生活意識として、私を明るい光に包んでいる。あなたは私の中に私の義務について、理性的な存在たち〔人間〕の中での私の役割についての認識を呼び起こす。どのようにしてかを私は知らない。知る必要もない。私が何を考え、何を欲するのかを、あなたは知っている。どうしてあなたが知りうるのか、どんな行為によってあなたがこういう意識を私の中に生じさせるのか、私はそれについては何も分からないでいる。私が知っているのは、行為の概念、特別な意識的行為の概念が、私についてのみ意味をもち、無限なるあなたについては意味をもたない、ということだけである。あなたは欲する。事実、あなたは私の自由な従順が永遠なる結果をもたらすことを欲している。とはいえあなたの意志行為を私は理解していない。私が知っているのは、あなたの意志が私の意志に似ていないことだけだ。あなたが行為するとき、あなたの意志そのものが行為なのだ。しかしあなたの働きかけ方は、私の思考による働きかけ方のまさにま逆である。あなたは生き、そして存在する。存在しつつ、有限な理性〔人間〕の眼の前で、あなたは知り、欲し、作用している。しかしあなたは、私のように、永遠に亙ってひとつの存在だけを考えることができるような存在ではない」

道徳的虚無主義者に対して、ニーチェは、創造する個的意志が提示する目標を対置する。ツァラトゥストラは、帰依の教師たちにこう叫ぶ。

「この帰依の教師と言ったら！ しらみのように、小さな、病んだ、かさぶただらけのところなら、どんなところにも這いつくばっていく。こういう奴らを潰さないのは、吐き気をおさえるのに必死だからだ。

いいかい、これが彼らの耳に向けた私の説教だ。――私はツァラトゥストラ、神を否定する不信心者《もの》だ。「私が喜んで教えを乞いたくなる程の、私以上の無神論者はどこにいるのか」。

私は神を否定するツァラトゥストラ。私の仲間はどこにいるのか。自分で自分の意志を決め、あらゆる帰依を退ける者なら、誰でもみんな、私の仲間だ」（『ツァラトゥストラはこう語った』第三部「小さくする徳」）

21　何が善悪をきめるのか

目標を設定する強力な人格は、わき目もふらずに目標に向かって邁進する。弱い人格は、神の意志や「良心の声」が、つまり「定言命令」が、「よし」、と言うことだけを実行する。弱い人はこの「よし」に見合ったことを善と呼び、この「よし」に反することを悪と呼ぶ。

強い人はこのような「善と悪」を認めない。なぜなら弱い人は権力に自分の善と悪を決めてもらっているが、そういう権力を認めることができないからである。強い人が欲するのは、自分にとっての善である。その善のためなら、あらゆる反対勢力を押し切ってでも、行動する。その行為の実現を妨げるものは、克服されねばならない。ひとつの「永遠なる宇宙意志」がすべての個々の意志決定を一大調和にまとめている、などとは信じない。反対に、どんな人間の進歩発展も、個人の意志衝動から生じるのだから、永遠の闘争が個々の意志と意志の間に存在し、その闘いにおいては、常に強い意志が弱い意志に打ち克つ、と考えている。

強い人格は、自分で自分に原則と目的を与えようとする。この強い人格は、弱い人、臆病者を、悪い、罪深い、と呼ぶ。そういう強い人格は、人びとの間に恐怖をひきおこす。強い人は与えられた秩序を平気で破り、弱い人が価値ありと認めるものを、価値なし、と言う。そしてそれまで知られていなかったもの、価値ありと思えるものを、新たに創造しようとする。

「どんな個的行為も、どんな個的思考も、恐怖心を抱かせる。歴史のすべての経過の中で、稀な精神、選り抜きの精神、根源的な精神がいつも悪しき危険な存在だと思われてきた。それどころか、自分自身でもそう思ってきた。それによって、どんなに苦悩しなければならなかったか、まったく測り知れないものがある。風俗、習慣が倫理に支配されたことで、どんな独創性も良心の呵責を伴うことになった。今のこの瞬間にいたるまで、最良の人びとの天は、必要以上に暗澹《あんたん》たるものになっている」(『曙光』九)

自由な精神が、最初に決断する。不自由な精神は、先例に従って決定する。

「道徳的であるとは、それがどんな習慣であろうとも、習慣に従順であること以外の何ものでもなく、特にそれ以上の何ものでもない。そして習慣とは、従来のやり方で行動し、評価することである」(『曙光』九)

このような従来のやり方が、モラリストたちによって「永遠の意志」「定言命令」とされてきた。しかしどんな従来のやり方も、個々の人間、全種族、全民族などの自然な衝動による働きの結果に他ならない。それは各地の気象状況のような、自然の諸原因の産物なのである。自由な精神は、従来のやり方には拘束されない、と言い切る。自分の個的な衝動は、他のどんな衝動にも劣らず、正当なのだ。だから、そのためのきっかけがそろえば、雲が雨となって大地に降ってくるように、その衝動は行動に変わる。自由な精神は従来の立場が善と見、悪と見るものの彼岸に立っている。自分で自分の善と悪を決める。

「私が人間たちのところに行ったとき、彼らは古い自負の上にあぐらをかいていた。みんな前から、人間にとって何が善で、何が悪なのか知っていると自負していた。

道徳について語ることは、何であれ、みな古くさい、退屈なことだと思っていた。

だからよく眠りたいと思った者は、眠る前に、善と悪について語ったのだ。この眠りぐせを、私はこう説明して、かき乱してやった。——何が善で、何が悪かを知っている者は、誰もいないのだよ。それを創造した者だけは別だがね。人間の目標を設定し、大地に意味を与え、未来を指示する者が、善と悪を創造したのだ。この者がはじめに、何が善であり、何が悪であるか、ということを創造したのだ」(『ツァラトゥストラはこう語った』第三部「古い石板と新しい石板」)

自由な精神は、従来のやり方に従った行動をするときにも、従来の動機を自分の動機にしようとする故に、そうするのだ。従来のやり方の代わりに、新しいやり方を見つける必要がないと思える場合は、そうするのだ。

22　硬さへの意志

強い人はみずからの創造的な自己を徹底させることの中に人生の課題を見出そうとする。この自己探究が、強い人を弱い人から区別している。弱い人は善と呼ばれるものに没我的な態度で帰依する。そしてそのことの中に道徳を見出そうとして、無私な態度を最高の徳であると言いふらしている。けれども弱い人の無私な態度は、創造力の欠除のあらわれにすぎない。もしも創造的な自己を有していたなら、その自己を徹底させたいと望んだであろう。強い人は戦いを好む。なぜなら、みずからの創造行為を反対勢力に抗してまっとうするためには、闘わざるをえないからである。

「君たちは敵を求めるべきだ。敵との闘いを、君たちの思想のために、いどむべきだ。もしも君たちの思想が敗れても、それでも君たちの誠意は勝利の雄叫《おたけ》びを上げることができる。

君たちは平和を、新しい戦争のための手段として愛するのでなければならない。そして長い平和よりも短い平和を望まなければならない。

私は君たちに労働につくようにすすめない。戦闘につくようにすすめる。平和をめざすな、勝利をめざせ、とすすめる。君たちの労働は戦闘であれ。君たちの平和は勝利であれ。

君たちは言うのか、良き事柄は戦争をも神聖にすると。私は君たちに言う、良き戦争はどんな事柄をも神聖にする、と。

戦争と勇気は、隣人愛よりももっと偉大な事柄をなしとげた。これまでも君たちの同情がではなく、君たちの勇敢さが不幸な人たちを救ってきた」(『ツァラトゥストラはこう語った』第一部「戦争と戦士たち」)

創造する人は反対する人を容赦しない。悩める人の徳である同情など、気にもかけない。彼を駆り立てるのは力であって、他人の苦しみを感じとることではない。彼が働くのは、力を勝利させるためであって、悩める人、弱い人を守るためではない。ショーペンハウアーは全世界が病院であり、悩める人への同情に発する行為こそが最高の徳である、と言明した。こうして彼はキリスト教の道徳を、キリスト教とは異なる仕方で語ったことになる。創造する人は看護人の仕事を引き受けるつもりはない。有能な人、健康な人は弱い人や病人のためにそこに留まることができない。同情は力と勇気と大胆さを失わせる。

同情は、強い人が克服しようとする弱さや悩みを大切にする。強い人が弱さを克服するのは、そこに人間の進歩の意味があり、すべての自然の進化の意味があるからだ。

「生きるということは、本質的に、異質なもの、弱いものをわがものとした上で、それを傷つけ、それを克服することなのだ。抑圧し、きびしくし、自己の形式を押

しつけることであり、併合し、少なくとも、どんなにおだやかに言っても、搾取することなのだ」（『善悪の彼岸』二五九）

「そして君たちが運命であろうとせず、仮借ない者であろうとしないのなら、どうして私と共に勝利することができるというのか。

そして君たちの硬さが光を発したり、切断したり、分断したりしようとしないのなら、どうして私と共に創造することができるというのか。

創造する者は、硬いのだ。そして蠟《ろう》に手形を押すように、数千年の意志に君たちの手形を押すことが、君たちにとって浄福感になるのでなければならない。

——青銅に書き記すように、青銅よりも硬く、青銅よりも高貴な数千年の意志に書き記すことが浄福感になるのでなければならない。高貴であればあるだけ、ひたすら硬いのだ。

おお、私の兄弟たち、この新しい石版を、私は君たちの頭上に掲げる。硬くなれ、と」（『ツァラトゥストラはこう語った』第三部「古い石板と新しい石版」二九）

自由な精神は、同情を求めず、自分を同情する者の仲間にしようとする人に対して、次のように問いかける。「自分の悩みを自分で担うことができない程に、私を弱虫だと思っているのか」。どんな同情も、自由な精神にとっては恥ずかしいことなのだ。ニーチェは『ツァラトゥストラ』第四部の中で、同情に対する強い人の嫌悪を明らかにしている。ツァラトゥストラは旅の途中で、「蛇の死」と呼ばれる谷に足をふみ入れる。そこには生きものが何ひとつない。一種の醜悪な緑の蛇だけが、死ぬために、ここにやってくる。「もっとも醜い人」がこの谷を探し出した。彼は自分が醜いので、誰からも見られたくないのだ。この谷では神以外の誰も彼を見ない。しかし神の眼差しも、彼にはたえられない。神の眼はあらゆる空間に及ぶという意識は、彼にとっては重荷すぎるのだ。だから彼は神を殺した。言い換えれば、彼は自分の中の神信仰を抹殺した。自分の醜さ故に、彼は無神論者になった。ツァラトゥストラがこの人を見たとき、自分が永久に抹殺したと思っていたもの、すなわち醜さへの同情が、もう一度彼を襲った。これは、ツァラトゥストラに向けられたひとつの誘惑なのだ。しかし彼は同情の感情をすぐに退ける。そしてふたたび硬くなる。もっとも醜い人は彼に言う。「あなたの硬さは、私の醜さに敬意をはらっている。誰かに同情してもらうには、私は醜さにおいて、あまりに豊かである。同情は羞恥心に変わる」。

同情を必要とする人は、ひとりで立っていることができない。自由な精神は、自分だけで立っていたいと思う。

23　社会の権力と個人の権力

権力への生来の意志こそが、人間を行為へ駆り立てる。弱い人にいくらそう説明しても、納得してもらえない。弱い人は、人間の進化における自然関連を求めるだけでなく、「意志そのもの」「永遠なる道徳的世界秩序」と呼ばれるものに人間の行為がどう関わっているかを知ろうとする。弱い人はこの世界秩序に違反する者に罪をきせる。そしてある行為をその自然の結果に従って評価するのでは満足しない。罪深い行為は、その道徳的な結果である、罰を呼び寄せる、と考えたがる。

自分の行動が道徳的な世界秩序と一致しないとき、弱い人は自分を罪深いと思う。そういう人は、嫌悪と共に自分の中の悪の源泉から眼を背ける。そしてそういう嫌悪の感情を悪しき良心と呼ぶ。強い人格はこういう諸概念をすべて認めない。自分の行為の自然的な結果だけを問題にする。そして、「私の行為が人生にどれ程の価値があるのか」「私の行為は、私の望んだ事柄にふさわしいのか」と問う。行為の結果が意図に反しているとき、強い人は悲しむかも知れないが、しかしそれを嘆いたりはしない。なぜなら、自分の行為を外界の基準によって計ろうとはしないのだから。自分が自然の衝動に従って行動しているのを知っている。だからせいぜいその行為がうまくいかなかったことを残念がるだけである。他人の行為に対しても同様の態度をとる。いずれにせよ、行為を道徳的に評価しようとはしない。強い人は背徳者なのである。

背徳者は悪しき意図に発する行為も、善なる行為と同じように、人間本能のあらわれと見る。罰は道徳的な事柄なのではなく、他人にとって有害な人びとから、その有害な本能を取り除くための手段にすぎない。背徳者の観点からすれば、社会は、罪を償わせる「道徳的な権利」をもっているから罰をあたえるのではなく、社会に反抗する本能をもった個人よりも、社会の方が強いことをあきらかにするために罰を与えるのである。社会の権力と個人の権力とは対立する。だから、個人の「悪しき」行為は、社会によって裁かれ、個人が処罰の対象にされる。ある社会の司法制度は、権力への意志である。言い換えれば、大多数の人間の中にある本能を働かせる意志である。どんな処罰も、個人に対する多数者の勝利を示している。個人が社会に君臨したなら、その個人の行為は善と呼ばれ、他の人たちの行為は悪と呼ばれるに違いない。どんな法律も、社会が自分の権力への意志の最上の土台であると認めるものだけを表現している。

24　強い人と弱い人

ニーチェは人間の行為の中に本能の現れだけを見ている。そして本能は、人によってさまざまであるから、人の行為もさまざまである。従ってニーチェは、万人のための平等な権利と平等な義務という民主主義の原則に断固として敵対する。人間は不平等である。従ってその権利も義務も、不平等でなければならない。世界史の自然な歩みは、常に強い人と弱い人、創造する者と不毛な者を示しており、強い人は、弱い人に目標を与える役割を常に担っている。いや、それだけではない。強い人は弱い人を、目的のための手段として、つまり奴隷として使役する。もちろんニーチェは、奴隷を使役する「道徳的な」権利を強い人がもっている、などとは言っていない。「道徳的な」権利など、存在するとは思っていない。ニーチェは、彼が一切の生命原則であると見做している強い人によって弱い人が克服され、その結果どうしても奴隷が生じなければならなくなる、と考えている。

克服される人が克服する人に反抗するのも、当然である。この反抗を行動で表現することができないときにも、少なくとも感情の中で表現しようとする。そしてこの感情の表現が復讐である。復讐は常に、より優れた人によって克服された人たちの心の中に植え込まれる。ニーチェはこの復讐の現れこそが、近代の社会民主主義運動である、と見ている。この運動が勝利したなら、その結果は、出来そこないや敗残者たちがより優れた人たちをこまらせることであろう。ニーチェはその正反対を望み、強力で独断的な人格を育てることをよしとする。すべてを平等にし、卓越した個性を平均的な一般人の海の中に埋没させてしまうような試みを、彼は憎んでいる。

ニーチェによれば、すべての人が同じものを所有し、同じものを享受すべきなのではなく、各人が自分の人格の強さを基準にして、自分にふさわしいものを所有し、享受すべきなのである。

25　働くことの価値

人間の価値は、もっぱらその人の本能の価値次第なのである。人間の価値は、それ以外の何ものによっても決められない。人は労働価値について語り、労働は人間を高貴にする、と言う。しかし労働そのものには何の価値もない。労働が人間に役立つときにのみ、価値が生じる。労働が人間の性向のおのずからなる結果である限り、労働は人間にふさわしい。すすんで労働の召使いになろうとする人は、みずからをおとしめている。自分で自分の価値を決められない人は、その価値を自分の仕事の大きさで計ろうとする。人間が自分の価値を自分の仕事によって決めるのは、近代民主社会の市民を特徴づけている。ゲーテでさえ、この立場から自由ではなかった。だからファウストは、仕事をやり遂げたという意識の中にまったき満足を見出したのである。

26　強さの美学

芸術もまた、ニーチェによれば、個人の生に役立つときにのみ、価値をもつ。ニーチェはここでも、強い人格という観点を代表して、弱い本能が芸術について語る一切を拒否している。ほとんどすべてのドイツ美学者たちは、弱い本能の立場を代表して、芸術は「有限」の中の「無限」を、「時間」の中の「永遠」を、「現実」の中の「理念」を表現すべきだ、と述べている。例えばシェリングにとって、一切の感覚的な美は、われわれが感覚で知覚することのできない無限美の残照にすぎないのである。芸術作品は、それ自身のためにあるのではなく、また、存在することによって美しいのではなく、美の理念の摸像であるから美しいのだ、と彼は言う。感覚的な形姿は、超感覚的な内容のための表現手段、そのための表現形式であるにすぎない。そしてヘーゲルは、美を「理念の感覚的な現れ」であると呼んだ。同じような考え方は、ドイツの他の美学者たちにも見出せる。

ニーチェにとって、芸術は生を促進する要素であり、そうである限りにおいて、存在理由をもっている。自分が直接体験しているような生き方に耐えられない人は、人生を自分の要求に従って作り変え、そのようにして芸術作品をも創造する。

そういう鑑賞者は、芸術作品から何を求めるのか。自分の生きる喜びを高め、自分の生命力を強め、現実の中では充たされない要求を満足させてくれるものを要求する。しかし鑑賞者は、感覚の対象である芸術作品を通して、神的、超地上的なものの残照を眺めようとはしない。ニーチェがビゼーの『カルメン』から受けた印象をどう述べているか、聞いてみよう。

「このビゼーが私に語りかけてくると、私はもっと良い人になる。それだけでなく、もっと良い音楽家になり、もっと良い聴き手になる。これ以上良い聴き方ができるだろうか。——私は耳をもっとこの音楽の奥に沈ませ、この音楽の起こりを聴きとる。今この音楽の成立過程を体験しているように思える。——私は何か勇敢な行為に伴う危険におののき、幸福感に襲われて有頂天になる。でもそうなるのは、ビゼーのせいではない。――そして奇妙なことに、そもそも私はそんなことを考えていない。というか、何を考えようと、私はそのことを意識していない。なぜなら、その間まったく別の思いが私の頭を駆けめぐっているのだから。……音楽が精神を自由にすること、思想に翼を与えることに気づいた人がいただろうか。音楽家になればなるほど、哲学者になることに気づいた人がいただろうか。――まるで抽象の灰色の空一面に稲妻が走ったようだ。その光は、諸事物の網目のすべてを照らし出すのに十分強力である。偉大な諸問題が手でつかめる程すぐそばにある。世界を、山頂から見渡すように展望することができる。――私は今、哲学的なパトスを定義して見せたのだ。――そして思いもよらず、解答が私の膝もとに落ちてくる。氷と叡智の、解かれた問題の小さな霰《あられ》が落ちてくる。……私はどこにいるのか。――ビゼーは私を生産的にしてくれる。すべての善は私を生産的にする。私はこれ以外に感謝の念をもっていない。善とは何かについて、私はそれ以外に感謝の念をもっていない。私はまた、何が善であるかについて、それ以外の証明をもっていない」

（『ヴァーグナーの場合』一）

リヒャルト・ヴァーグナーの音楽は、こういう作用をニーチェに及ぼさなかったので、ニーチェはそれを拒否した。

「ヴァーグナーの音楽に対する私の抗議は、生理的な抗議である。……私の「事実」、私の「一片の真実」は、この音楽が私に働きかけると、もはや楽に呼吸することができなくなる。だからすぐに私の足がこの音楽に怒りを感じて、反抗し、拍子、舞踏、行進を求めはじめる。……私の足は気持ちのいい歩行、踊りによる恍惚感を求め始める。しかし、私の胃も、私の心臓も、私の血行も、反抗し始める。私の内臓は抑圧されていないのか。思わず私の声もしゃがれてしまわないのか。……私そこで私は自問する。そもそも私の身体全体は、音楽から何を求めるのか。……私は信じる。軽快さを求めるのだと。まるですべての動物的な機能が、軽やかで、大胆で、無拘束で、自信のあるリズムによって促進されるかのような軽快さをである。まるで青銅の、鉛の人生が、黄金の、繊細な、油のようなメロディーによってその重さを失うかのような軽快さをである。私の憂うつは、完璧であることの隠れ家と深淵との中で安らぎたいと願う。そのために私は音楽を必要とする」(『ニーチェ対ヴァーグナー』「私が抗議するところ」)

著作活動をはじめたとき、ニーチェは、自分の本能が芸術から求めるものについて思い違いしていた。だから当時の彼はヴァーグナーの信奉者だった。ニーチェはショーペンハウアーの哲学を研究し、観念論者になりすました。彼はしばらくの間、観念論を信じ、観念的な要求という人工の要求を信じ込んだ。その後やっと一切の観念論が自分の衝動に反対していることに気がついた。こうして彼は、自分自身にもっと正直になった。彼は自分がどう感じているのかを語った。そしてこのことがヴァーグナーの音楽を完全に拒否することを可能にした。この音楽は、ますます禁欲的な性格をとるようになっていった。われわれはすでにこの性格を、ヴァーグナーの最後の芸術目標の特徴であると述べた。

理念を知覚し、神的なものを具体化するのが芸術の課題であるとする美学者たちは、認識と道徳の分野での哲学的虚無主義者と似た立場を代表している。彼らは芸術対象の中に彼岸的なものを求めるが、彼岸的なものは、現実感覚の前では、無の中に解消してしまう。美的虚無主義というものもあるのである。

この立場に対立しているのは、強い人格の美学である。この美学は、芸術の中に現実の模造を、人が日常性よりも好んで享受する高次の現実を見ている。

27　ディオニュソス的とアポロン的

ニーチェは人間の二つのタイプを対比させている。弱い人と強い人である。弱い人は、外界から精神の中に流れ込んでくる客観的な事実を認識しようとする。みずからの善と悪を、「永遠なる宇宙意志」または「定言命令」に決めてもらおうとする。そして宇宙意志ではなく、創造的な我意だけにもとづく行為は、すべて罪であり、道徳的に罰を受けなければならない、と考える。すべての人に同じ権利を与え、人の価値を外的な尺度で決めようとする。そして芸術においても神的なものの模像を、彼岸からの知らせを見たいと思っている。

一方、強い人は、どんな認識も権力への意志の表現であると考える。その認識によって事柄を思考できるものにし、それによって事柄を自由に処理しようとする。強い人は自分が真理の創造者であり、自分以外の誰も自分の善と悪を決めることはできない、と心得ている。彼は人間の行為を自然の衝動の結果であり、自然事象であると考え、決してそこに罪を見ようとはせず、道徳的に断罪しようとはしない。人間の価値を本能の働きの中に見、健康、精神、美、根気、気品のための本能をもった人を、弱さ、醜さ、奴隷根性のための本能をもった人よりも、高く評価する。彼は芸術作品を、それが自分の力を高める度合いによって評価する。

ニーチェはこの強い人のタイプを「超人」と呼んでいる。超人は、これまではただ、偶然的な事情の重なりによってしか生じることができなかった。超人への進化を人類の意識的な目標にすること、それがツァラトゥストラの意図なのである。これまでは人間の進化目標をなんらかの理想の中に見てきた。ニーチェは、見方を変えることが必要だと思った。

「こういう高級なタイプの人間は、すでに十分存在していた。しかし偶然に、例外的に存在していたにすぎず、決してそう望んで存在したのではなかった。むしろこういうタイプは、恐れられた。これまではほとんど恐怖の対象だった。——そしてその恐怖から、逆のタイプが望まれ、育てられ、達成されるにいたった。すなわち、家畜にして、群居動物にして、病んだ動物である人間、つまりキリスト教徒がである……」(『アンチクリスト』三)

ツァラトゥストラの叡智は、この超人を教えようとする。それに較べれば、もうひとつのタイプは単なる移行過程を辿っているにすぎない。

ニーチェはこの超人のための叡智をディオニュソス的と呼ぶ。ディオニュソス的叡智は、外からは与えられない。それは自己創出的な叡智なのだ。ディオニュソス型の賢者は、探求しないで、創造する。この賢者は認識しようとする対象の外に考察者として立つのではなく、自分の認識対象とひとつになっている。彼は神を求めない。神的なのは彼自身だけであり、彼自身だけが自分の世界の創造主なのだと思っている。もしもこの態度を人体のあらゆる働きの中にまで及ぼすなら、ディオニュソス的人間が現れる。ディオニュソス的人間は、どんな暗示をも理解する。激情のどんなサインも見逃さない。彼は理解する本能、推測する本能を最高度に所有している。同様に、伝達技術を最高度に所有している。彼はどんな皮膚の中にも、どんな激情の中にも入っていく。彼は常に変身し続ける。このディオニュソス的な賢者に対比されるのは、単なる考察者である。単なる考察者は常に自分が認識対象の外にいると信じている。客観的な、受け身な観察者としてである。ディオニュソス的人間に、アポロン的人間が向き合って立っている。後者の人間は、「なかんずく眼を活発に働かせ、ヴィジョン力をもっている」(『偶像の黄昏』「ある反時代的人間の逍遥」一〇)。アポロン的人間は、自分の経験する現実の彼岸にある諸事象の像を、幻像として得ようとする。決してみずからの精神によって叡智を創造しようとするのではない。

28　ディオニュソス的精神

アポロン的叡智は、厳粛であることを特徴としている。アポロン的叡智は、自分のイメージを支配する彼岸の働きを重圧であり、権力であると感じている。この叡智は、たとえイメージ、ヴィジョンでしかないにしても、彼岸からの知らせをもっていると信じているので、厳粛にならざるをえない。アポロン的人間は、この認識の重圧の下で歩き廻っている。別の世界に由来する重荷を背負っているから、いつも威厳を備えている。無限なるものを告知されれば、どんな笑いも黙らざるをえないわけだ。

しかし笑いこそがディオニュソス的精神を特徴づけている。この精神は、どんな叡智もすべて自分の叡智であって、生きることを容易にするために自分でそれを創案したのだ、と思っている。叡智とはただこのひと言、すなわち人生に対して然りと言うことのための手段に他ならない。ディオニュソス的人間にとって、重圧の精神は、生きることを容易にしないで、抑圧する。だから好ましからざるものなのである。自己創造的な叡智は、明朗である。なぜなら自分で自分の荷物を作る人は、自分が担える程度の荷物しか作らないから。ディオニュソス的精神は、自分で創った叡智をもって、世間を舞踏家のような足どりで楽々と渡り歩く。

「しかし私が叡智を好み、時には好みすぎるのは、生きているという事実を叡智が思い出させてくれるからなのだ。

叡智は人生と同様に独特の眼をもち、独特の笑いをもっている。その上独特の小さな黄金の釣り竿をもっている。叡智と人生とはこんなにも似ているのだから、その上私に何ができるというのか」(『ツァラトゥストラはこう語った』第二部「舞踏の歌」)

「先ごろお前の眼を見てしまった。おお、人生よ。お前の夜の瞳の中に黄金がきらめくのを見てしまった。私の心は嬉しさのあまり動けなくなった。

――黄金色の小舟が夜の水面にきらめくのを見た。沈み、水をかぶり、ふたたび浮き上ってさしまねく黄金色の揺れ動く小舟だった。

夢中で踊る私の足に、お前は一瞥《いちべつ》を投げかけ、笑いながら問いかける甘美にゆれる視線だった。

二度お前は小さな手でがらがらをならした。――それだけでもう私の足はたまらずに踊り始めた。

私のかかとはすっと立ち、私のつま先はお前に合わせようと耳をそばだてる。そうだ、踊り手はつま先に耳をもっているのだ」（『ツァラトゥストラはこう語った』第三部「もうひとつの舞踏の歌」）

29　小さな誤謬

ディオニュソス的精神は、行為へ駆り立てるすべての衝動を自分の中から取り出す。外の権力には従わない。だから自由な精神なのである。事実、自由な精神の持ち主は、自分の本性だけに従う。だからもちろん、ニーチェは、著作の中でも、本能だけを自由な精神の衝動であるとしている。思うにここでのニーチェは、一連の衝動を本能という言葉で一括しているので、これらの衝動をあらためて一つひとつ考察していく必要がある。ニーチェは、動物の中にある食欲や自己保存の衝動も、認識衝動、道徳衝動、芸術衝動などの高次の衝動も、同じように本能と呼んでいる。たしかにこれらすべての衝動は、同じ基本力のあらわれであるが、しかしそれらは、同じ力のさまざまな発展段階を示している。

例えば道徳衝動は、本能の特別の段階を示している。それが感覚的な本能の高次形態にすぎないと認めるにしても、人間における道徳衝動は、特別の仕方で現れている。すなわち感覚的な本能には直接還元できないような、本能の高次形態であるとしか言えないような行為を生じさせている。人間は、自分の感覚的な衝動に由来するのではなく、もっぱら意識的な思考に由来する行動をとることができる。人間は個別的な目的に従うが、しかしその目的に意識して従う。無意識に生じ、あとになって意識されるような本能に従うのと、はじめから意識して産み出した思想に従うのとでは、そこに大きな違いがある。食欲に促されて食事をするのと、数学上の課題を解くのとでは、動機が本質的に異なっている。世界の諸現象を思考によって理解するのは、一般的な知覚能力のひとつの特別な在りようを示している。その在りようは、単なる感覚的な知覚と区別されねばならない。人間の場合、本能生活の高次の発展形態も低次の発展形態も、等しく本来の生き方に属しているので、この二つの発展形態が一致しなくなると、誰でも不自由な状態に陥る。

ある弱い人格が、健康な感覚的本能と弱い精神的本能とを併せもっていたとしよう。その場合、この人格は感覚生活においてなら自分の個性を発揮するであろうが、行動を促す思想衝動は世間の立場に従うであろう。感覚的と精神的、この両方の衝動世界が調和しなくなる場合、感覚衝動は自分の個性を十分に生かそうとし、精神衝動は、外的な権威の言いなりになる。こういう人格の精神生活は感覚本能に支配され、感覚生活は精神的本能に支配される。なぜなら、両方の力は、ひとつの本性から生じたものではないので、互いに折り合いをつけることができないからである。

だから真に自由な人格は、健全な発達を遂げた個的、感覚的な衝動生活だけでなく、生きるための思想衝動も持っていなければならない。行為を遂行するための思想をも生みだすことのできる人こそが完全に自由なのである。

私は『自由の哲学』の中で、純思想的な衝動を創り出す能力を「道徳的想像力」と呼んだ。この道徳的想像力を持つ人だけが、本当に自由なのである。なぜなら、衝動の力に意識的に従って行動するのでなければ、自由とはいえないからである。そういう衝動の力を自分で創り出せない人は、外の権威や、良心の声になって語りかけてくる従来の立場に従わなければならなくなる。もっぱら自分の感覚的本能に身を委ねる人は、動物と同じように行動するが、自分の感覚的本能を他人の思想の下に置く人の行動も、自由だとは言えない。自分で自分の道徳目標を創る人だけが、自由に行動するのである。

ニーチェの論述の中には、この道徳的想像力という概念が欠けている。彼の思想を最後まで考えていくと、どうしてもこの概念が必要だと思わざるをえなくなる。この概念をニーチェの世界観に組み込むことは、無条件に必要なことなのである。そうしないと、ニーチェの世界観は、繰り返して同じ非難を受けざるをえないであろう。なぜなら、ディオニュソス的人間は、従来の立場や「彼岸の意志」の奴隷ではないが、しかし自分自身の本能の奴隷である、という非難をまぬがれえないであろうから。

ニーチェは人間の中の根源的な、固有の人格に眼を向け、現実に敵対する世界観が覆い隠すのに用いている非人格的なマントをこの固有の人格から引き離そうと努めた。しかし、人格そのものの生き方の諸段階を区別するところまではいかなかった。それ故、人格にとっての意識の意味を過小に評価した。

「意識は、有機的存在の最後の、もっともおくれた発展であり、したがってそこにはもっとも無力な、もっとも未成熟な部分がある。意識からは無数の失敗、間違いが生じ、そしてホメロスの言うように、「定めを超えて」必要以上に、動物を、人間を破滅させてしまう。本能を維持する結合帯が、もしも意識よりもはるかに強力でなかったとしたら、本能は全体の調整役を努めることができなかったであろう。人類は眼を見開いたまま、間違った判断を下し、間違った空想にふけり、不徹底な、盲信的な態度で、要するにまさに意識を保って、破滅していかなければならないであろう」(『華やぐ知慧』一一)

とニーチェは述べている。

確かにこれはその通りである。けれども、人間は意識の内部に自分の行動のための思想衝動を促す力を創り出すことができる限りにおいてのみ、自由なのだ、ということも、同様に確かである。

思想衝動を促す力の考察は更に続く。人が自分の中に産み出すこの力は、一人ひとり別であっても、しかもある程度までは一致している。このことは経験上の事実である。個人がまったく自由に自分の中から思想を創り出すとき、その思想が他の人たちの思想と一致することはありうる。それ故に、人間社会が優れた個人の集まりであれば、その社会にはおのずと調和が生じると想定するのは、自由な人の正当な考え方なのである。

自由な人は、この考え方を不自由な人の考え方に対置する。不自由な人は、外的な力によって行動に共通目標が与えられたときにのみ、大多数の人の承認をうることができる、と思っている。自由な精神は、動物的な衝動を問答無用に押し通し、すべての法秩序を廃止しようとする立場には、まったく反対である。自分の動物本能に従うだけでは満足せず、道徳衝動を促す力を創造し、自分の中の善と悪を創造する人のために、絶対の自由を要求するのである。

たとえニーチェ自身が最後の結論を引き出さなかったとしても、ニーチェの世界観を最後まで考え抜くことができる人なら、「文体に酔い痴れながら、これまでは犯罪者タイプの人びとの魂の奥底に隠れてひそかに様子をうかがっていたものを暴き出す勇気を見出した人物」(ルードヴィヒ・シュタイン『フリードリヒ・ニーチェの世界観とその危険』五頁)を、ニーチェの中に見たりはできない筈だ。

まだ依然としてドイツの教授の平均教養は、ある人物の偉大さを、その人物の小さな誤謬から切り離すことができずにいる。そうでなかったら、ひとりの教授のこういう批判が、まさにニーチェの小さな誤謬に向けられていることを感じとれるに違いないのだ。真の教養は、ある人物の偉大さを取り上げ、小さな誤りがあればそれを訂正し、もしくは半ばまで仕上げられた思想を最後まで考え抜くことにある、と私は信じている。

第三章　ニーチェ思想の展開

30　マクス・シュティルナー

私はニーチェの超人観を、後期の著作『ツァラトゥストラ』(一八八三―八四年)、『善悪の彼岸』(一八八六年)、『道徳の系譜』(一八八七年)、『ヴァーグナーの場合』(一八八八年)、『偶像の黄昏』(一八八九年)に現れている通りに述べてきた。未完成の著作『権力への意志――一切の価値を転換させる試み』の第一部『アンチクリスト』は、全集第八巻の中に出ているが、その中に彼の超人観がもっとも生産的な仕方で哲学的に表現されている。この巻の付録に収められている構想からも、そのことをはっきりと見てとることができる。そこでの構想は一、アンチクリスト――キリスト教批判の試み、二、自由な精神――ニヒリズム運動としての哲学を批判する、三、背徳者――道徳というもっとも禍をもたらす無知を批判する、四、ディオニュソス――永劫回帰の哲学の四部からなる。

ニーチェは著作活動をはじめるに当たって、すぐに自分の思想を思うままに表現しようとはしなかった。はじめ彼はドイツ観念論の影響の下に、特にショーペンハウアーとリヒャルト・ヴァーグナーに代表されるドイツ観念論の形態に従っていた。初期の諸著作は、ショーペンハウアーとヴァーグナーの立場に立って述べられている。しかしこの立場の中に、ニーチェ思想の核心を見てとることのできる人なら、それらの著作の中にも、後期の著作と同じ意図と目標を見出すことができるだろう。

われわれは近代が生んだもっとも自由な思想家、マクス・シュティルナーを思い出さずには、ニーチェ思想の展開を語ることができない。ニーチェの言う超人に完全に一致しているこの思想家が、あまり世に知られず、評価もされていないのは、悲しむべきことだ。シュティルナーは、すでに今世紀の四〇年代に、ニーチェ的な世界観をはっきりと語っていた。もちろんニーチェのような、満を持した心の響きで語ったのではなかったが、その代わり水晶のように透明な文体で語った。それに較べると、ニーチェの断章は、しばしばどもりながら語っているように思える。

もしもショーペンハウアーではなく、マクス・シュティルナーがニーチェの教育者になっていたら、ニーチェはどんな道を辿っただろうか。ニーチェの著作の中には、シュティルナーの影響をうかがわせるものは何もない。ニーチェは独力で、ドイツ観念論から、シュティルナーと同じ世界理解にまで達したのだ。そうに違いない。

シュティルナーもニーチェも、人生を衝き動かす力は真の人格の中にしか求められない、と考えている。シュティルナーは個人の人格を外から規定しようとする一切の意図を拒否する。世界史の歩みを辿ることで、彼はこれまでの人類の根本的な誤りは、個人の人格を育てようとせず、非個人的な目標や目的を人びとに押しつけたことにあると思った。そして人間の本当の解放は、人間がこういう一切の非個人的な目標に自分自身以上の高次の意味を認めることではなく、この目標を自分の自己修養の手段としてのみ認めることにある、と考えた。自由な人間は、自分の目標を自分で決める。理想をもっていても、自分をその理想の所有物にはさせない。自分の理想に支配された不自由人は、固定観念に悩まされる狂人と同じように、観念に支配されている。シュティルナーにとって、自分が「中国の皇帝」であると思い込むのも、自分が「善良な市民」であると思い込むのも、まったく同じことなのである。善きクリスチャンになろうとするのも、信心深いプロテスタントになろうとするのも、義務に忠実な市民になろうとするのも、徳の高い人になろうとするのも、いずれも同じ「固定観念」によるのだ。善きクリスチャンになりたくない、信心深いプロテスタントになりたくない、徳の高い人になりたくない、と思ったことのない人は、信仰心、品行方正等々にとらわれ、自然らしさを失っている〔『唯一者とその所有』一八四四年〕。

シュティルナーの立場とニーチェの立場がいかに近いかを見るには、『唯一者とその所有』の数節だけを読めば十分である。ここでシュティルナーの思考方式をよく示している箇所を引用してみよう。

「キリスト以前の時代とキリストの時代とは、正反対の目標に向かっている。前者は現実を理想化しようとし、後者は理想を現実化しようとする。前者は「聖霊」を求め、後者は「変容した肉体」を求める。それ故、前者は現実に無感覚となり、「世界蔑視」でおわり、後者は理想を棄て、「霊の蔑視」でおわる。……

古代世界に行きわたっているのは、聖化や浄化の方向(洗礼など)であるが、キリスト世界に行きわたっているのは、肉化である。すなわち、神がこの世に落ち込み、肉となり、この世を救済しようとする。つまりみずからでこの世を満たそうとする。けれども神は「理念」か「霊」かなので、(例えばヘーゲルのように)最後に理念をすべての中に、世界の中に導入し、「理念も理性もすべての中に在る」ことを証明しようとする。異教徒であるストア派の人たちの言う「賢人」は現代の知識人の言う「人間」とよく似ている。いずれも、肉のない存在なのである。ストア派の言う、非現実的な「賢人」、身体をもたぬ「聖人」は、肉となった神において現実の人物となり、身体を持つ「聖人」になった。非現実的な「人間」、身体をもたぬ自我が、身体をもった「私」という現実になる。……

個人は、それだけで世界史である。そして残りの世界史は、その個人の所有物になる。このことはキリスト教の立場を超えている。キリスト教徒にとっての世界史は、個人よりも高次のものである。なぜなら世界史はキリストの歴史であるか、または「人類」の歴史なのだから。自己主義者にとっては、自分の歴史だけが価値をもっている。なぜなら自己主義者は、自分だけを進化させたいと思っているのだから。人類という理念や神の摂理や神の意図や自由その他を進化させたいわけではない。自己主義者は自分を理念の道具であるとか、神の容器であるとかとは思っていない。そういう召命を認めない。人類の進歩発展のために生きるとか、自分の身銭を切って人類のために働くとかとは考えず、人類の行く先にかかわりなく、今を生きたいように生きる。自然状態を賛美している、と誤解されるのをおそれずに言えば、レーナウの『三人のジプシー』を思い起こすことができる。

何、私は理念を実現するために、この世にいるというのか。「国家」という理念を市民である私の働きによって実現するために、もしくは結婚によって、夫として、父として、「家族」という理念を現実のものにするために、私がこの世にいるというのか。そんな召命で私をわずらわさないでくれ。花は召命を受けて、生長し、香りを立てるのではない。同様に私は召命を受けて人生を生きるのではない。

「人間」という理想が実現されるのは、キリスト教の考え方が、「唯一なるこの〝私〟こそが人間である」という命題に変換されたときである。そのときには、「人間とは何か」という概念の問いは、「誰が人間なのか」という個人的な問いに置きかえられる。「何」の場合は、概念を実現するために、概念を求めた。「誰」の場合は、もはや問いがあるのではなく、問うことの中で答えが個人的に存在している。問いがおのずと答えているのである。

神について、「名前はあなたを指示してはいません」、と言うが、この命題は、神ではなく、私について言えることなのだ。どんな概念も「私」を表現できない。人が語る私の本質は、「私」のことを言い尽くしていない。それは名前にすぎない。これと同じことを、人は神について語っている。神は完全な存在なのだから、わざわざ完全さを目ざして努力するという召命を受けてはいない、と語っている。このこともまた、もっぱら「私」についてのみ当てはまる。

「私」は自分の支配力を所有している。そして自分をかけがえのない唯一のものだと認めているときこそ、「私」は自分の支配力の所有者なのである。唯一のものの内部で、所有主は、自分がそこから生まれ落ちたところの、自分の創造的な無の中に戻っていく。神であれ、人であれ、「私」よりも高次な存在は、私の唯一性の感情を弱める。高次の存在は、この意識の太陽の前に出たときはじめて、影が薄くなっていく。「私」が「私」の問題を唯一者としての私に提起するとき、その問題は無常な死すべき創造者、つまり自分自身を消尽していく私自身の問題となる。そして「私」はこう言うことが許される。「私は自分の問題を無に提起した」と」

この自分自身に提起された所有主、もっぱら自己創出的な所有主、この所有主こそが、ニーチェの超人なのである。

31　ショーペンハウアー

シュティルナーのこの思想は、ニーチェがその中に豊かな情感を盛り込むのに実にふさわしい容器となってくれたことだろう。しかしニーチェはそうする代わりに、ショーペンハウアーの概念世界を、思想世界を登っていくための梯子《はしご》に選んだ。

ショーペンハウアーによれば、われわれの世界認識全体は、二つの根から生じる。表象生活から、そして意志の知覚から。意志を知覚するときの意志は、われわれ自身の場合、行為する存在となって現れている。「物自体」はわれわれの表象世界の彼方にある。なぜなら、表象とは「物自体」が私の認識器官に及ぼす作用の結果にすぎないのだから。私が知っているのは、事物そのものではなく、事物が私に与える知覚印象だけである。そしてこの印象こそが、まさに私の表象に他ならない。私が太陽や地球を知覚しているわけではない。ただ太陽を見る眼が、大地に触れる手が知覚しているだけである。

人間が認識できるのは、ただ「周囲の世界は表象として存在している、ということだけである。つまり周囲の世界は、表象する者、言い換えると自分自身との関係でしか存在していない、ということだけである」(ショーペンハウアー『意志と表象としての世界』一)。けれども人間は、世界を表象しているだけではない。人間は世界の中で働いてもいる。つまり人間は自分の意志を自覚している。自分の身体の動きとして、外から自分の意志を知覚することができる。だから自分の働きを二重に知覚している。内からは表象として、外からは意志として。ショーペンハウアーはこのことから、知覚された身体行為の中に現れる表象は、意志そのものである、と結論づけている。そして更に、意志は自分の身体表象や身体運動の根底にあるだけでなく、他のすべての表象活動にもそのことがあてはまる、と主張している。従って、ショーペンハウアーによれば、世界全体は、本質的に意志なのであるが、われわれの知性には、それが表象となって現れるのだという。ショーペンハウアーは更にこうも主張する。「この意志は、すべての事物の中で統一的な在り方をしている。われわれが事物を多様なものとして知覚するのは、ただ知性のなせるわざにすぎない」と。

この立場に立って見ると、人間は、自分の意志を通して、統一的な世界存在に関与している。人間が働くとき、統一的な原意志が人間の中で働いている。人間が個人であり、特別の人格であるのは、自分自身の表象においてのみである。人間の本質は、統一的な世界根拠と同じものなのである。

ニーチェがショーペンハウアーの哲学を知ったとき、すでに超人の思想が無意識に、本能的に存在していたとすれば、この意志論は彼には共感できるものだったに違いない。人間意志が人間を世界内容の創造に直接関与させた。人間は意志する存在である限り、世界内容の外に立つ傍観者でも、現実をただイメージするだけの存在でもなく、みずからが創造者となる。そこには神的な力が働いている。そしてどんな他の力もこの力を超えてはいない。

32　ディオニュソス的芸術

ニーチェはこの観点に立って、アポロン的とディオニュソス的という世界考察の二つの方式を立て、それをギリシアの芸術生活に適用した。つまりギリシアの芸術生活は、表象と意志という二つの根から生じたのだという。表象するギリシア人が自分の表象世界を理想化して、その理想化された表象内容を芸術作品として具体化したとき、アポロン的芸術が生じた。表象するギリシア人は個々の表象対象に美を刻印づけ、そうすることで永遠であるかのような仮象をその対象に与えた。しかしそのときの芸術は表象世界の内部に留まっている。

ディオニュソス的な芸術家は、自分の作品の中に美を表現しただけでなく、宇宙意志の創造的な作用をも模倣した。自分が運動することで宇宙精神を模像し、そうすることで自分を意志の眼に見える体現者にし、みずからを芸術作品にした。「人間は歌いながら、踊りながらみずからを高次の共同体の一員にする。歩むこと、語ることを忘れ、踊りながら空中に舞い上がろうとする。魔力がその身振りから語り出る」（『悲劇の誕生』第一章）。

この状態の人間は、自分自身を忘れる。もはや自分を個体であるとは感じない。自分の中に世界意志を活動させる。こういう仕方でニーチェは、ディオニュソス神をあがめるためにディオニュソスの従者たちが催す祭りを解説し、その従者たちの中にディオニュソス的な芸術家の原像を見ている。

こうしてニーチェは、ギリシア人の最古の演劇がディオニュソス的とアポロン的との高次の統合によって生じた、と考える。悲劇は合唱隊から生じた。ディオニュソス的人間は、役者であり、観客である。合唱隊はディオニュソス的に高揚した人間の自己反映なのである。アポロン的な舞台でディオニュソス的なものを演じたのが、悲劇のはじまりである。こういう悲劇が可能だったのは、その創作者が人間と世界の根源力との関連を知っていたからである。神話はこういう意識を表しているのだから、最古の悲劇が神話を扱っているのは当然である。ある民族の歴史の中で、知性が神話の生きた感情を破壊するときが来る。そのとき、悲劇は死ななければならない。

33　ソクラテス

ニーチェによれば、その時点は、古代ギリシアにおいては、ソクラテスと共にはじまった。ソクラテスは自然力と結びついた一切の本能的生命の敵だった。ソクラテスが認めたのは、知性の思考力が証明し、教示できるものだけだった。だから神話に対して宣戦が布告された。ニーチェは、ソクラテスの弟子のエウリピデスが、もはやアイスキュロスのように、ディオニュソスの本能からではなく、批判的な知性から悲劇を作り、それによって悲劇の生命を絶った、と考えている。つまりエウリピデスは、世界精神の意志運動を追創造する代わりに、悲劇の各場面を知的に結びつけたのだというのである。

以上のニーチェの考え方が歴史的に正当なものかをここで問うつもりはない。ニーチェのこの考え方は、ある古典文献学者から烈しく攻撃された。——ニーチェのギリシア文化観は、山頂から見渡した風景を記述しているようなところがあり、文献学の立場は、各地をたずね歩く遍歴者の記述に似ているが、一方山頂から見ると、光学の法則に従って、いろいろとずれが生じてしまう、と。

34　ミダス王とシレノス

今、問題にしたいのは、ニーチェの『悲劇の誕生』がどんな課題を立てているのか、である。ニーチェによれば、古いギリシア人は生存の苦悩をよく知っていた。——古い伝説によれば、ミダス王は長い間、ディオニュソスの従者である賢者シレノスを森の中に追い求めたが、彼を捕らえることができなかった。しかしやっと彼をつかまえたとき、王はシレノスに、どんな人間がもっとも優れた人間なのか、と問うた。このダイモンは、じっと動かずに沈黙を守っていたが、王がしつこく追求すると、とうとう大笑いしながらこう言った。

「あわれな、一日しか生きられない、偶然の、苦労の多い子どもたちよ、聞かない方がよかったのに、何で言わせようとするのか。お前にとって一番良いことは、お前が絶対にやれないことなのだよ。生まれてこなければよかったのだ。存在しないこと、何ものでもないことが一番良いのだ。しかし次に良いのは、お前がすぐに死んでしまうことだ」(『悲劇の誕生』第三章)

ニーチェにとって、この伝説はギリシアの根本感情をあらわしている。ギリシア人を明るい民族であり、子どもっぽく遊びたわむれるのが好きな民族であると思うのは、皮相な思い込みにすぎない。ギリシア人は悲劇的な根本感情をもっていた。だから生存を耐えられるものにするために、何かを創造しなければならなかった。生きることに正当性を与えようとして、その正当性を神話と芸術の中に見出した。オリュンポスの神々と芸術とのおかげで、きびしい現実が耐えられるものになった。だから『悲劇の誕生』の根本問題はこうである。「ギリシア芸術はどのくらい生を促進し、生を支えるものだったのか」。すでにこの処女作の中で、ニーチェの根本本能は芸術を、生を促進させる力である、と捉えている。

35　弁証法

この著作には、ニーチェのもうひとつの根本本能も見出すことができる。それは単なる論理的な精神に対する嫌悪感である。そういう論理的な精神、論理的な人格は、知性の支配下にある。ソクラテス精神がギリシア文化の破壊者であるというニーチェの考え方は、この嫌悪感に由来する。ニーチェにとって、論理とは人格の自己表現の一形式にすぎない。この形式に別の表現形式が加わらない人格は、必要な器官をそこなった生体のようなものになってしまう。ニーチェはカントの著作の中に思い煩う知性の所産しか見つけられなかったので、カント哲学は「出来そこないの概念体系」と呼ばれた。論理は、人格の深い根本本能の表現である限りにおいてのみ、是認される。論理は人格への超論理の流出でなければならない。ニーチェはソクラテス的な精神を拒否し続けた。『偶像の黄昏』はこう述べている。

「ソクラテスと共に、ギリシア人の趣味は弁証法の側に転向した。その結果はどうだったか。高貴な趣味が抑圧され、愚民が弁証法を旗印に、上流社会におどり出る。ソクラテス以前の良き社会においては、弁証法の手法は否定されていた。それは悪しき手法とされ、露悪趣味と目されていた」(『偶像の黄昏』「ソクラテスの問題」五)

ある事柄のために力強い根本本能が発言しないでいると、証明をすることと知性がしゃしゃり出る。そして弁護士精神でその事柄を弁護しはじめる。

36　リヒャルト・ヴァーグナー

ニーチェは、リヒャルト・ヴァーグナーこそがディオニュソス精神の真の復興者であると信じた。そしてその思いをもって『反時代的考察』の第四部『バイロイトにおけるリヒャルト・ヴァーグナー』(一八七六年)を書いた。この時代の彼は、ショーペンハウアーの哲学に則って、ディオニュソス精神を解釈した。当時の彼はまだ、現実は人間の表象内容でしかなく、この表象世界を超えたところに、事物の本質が原意志という形式をとって存在している、と思っていた。創造的なディオニュソス精神とは、自己創造的な人間のことではなく、まだ自己忘却的に原意志の中に解消されていく人間のことだった。ヴァーグナーの悲劇は、ニーチェにとって、この原意志に帰依するディオニュソス精神の成果だった。それは支配する原意志の形象化に他ならなかった。

ショーペンハウアーは音楽を意志のむき出しの模像であると考えている。ニーチェもまた、音楽をディオニュソス的な創造精神の最上の表現手段だと考えている。文明化された諸民族の言語は、病んでいる。もはや感情の素朴な表現たりえない。言葉は人間の肥大化した知性に利用されている。だから言葉の使い方は抽象的になり、その内容は貧困になった。原意志から創造するディオニュソス的精神の実感を、もはや表現することができない。

従ってディオニュソス的精神は、もはや言葉の演劇の中では、自分を語れない。他の表現手段、特に音楽の、更には他の諸芸術の助けを求めなければならない。ディオニュソス的精神は「ディテュランボス的劇作家」になる。

「この概念は、完全に受けとめれば、同時に役者、詩人、音楽家でもある存在を指示している」

「原始の劇作家がどうであったにせよ、円熟した時代の劇作家は、どこにも制限やタブーのない存在である。本来自由な芸術家なのである。すべての芸術に通じた作家として、一見違った分野を結びつけ、それぞれの分野を互いに協調させる。芸術諸分野の統一性、全体性を作品の中で表現する。そういう芸術家の能力は、行為を通してしか明らかにならない。ただ推測したり、推論したりするだけでは駄目である」(『バイロイトにおけるリヒャルト・ヴァーグナー』七)

ニーチェはリヒャルト・ヴァーグナーをディオニュソス的精神として尊敬していた。今、引用したニーチェの論文の意味でのみ、ヴァーグナーはディオニュソス的精神と呼ばれるにふさわしい。ヴァーグナーの本能は、彼岸に向いていたのだから。彼は彼岸の声を音楽によって響かせようとした。私は前に(本書一一〇～一一一頁)、ニーチェがあとになって、此岸を志向する自分の本能に気づくようになった、と述べた。彼はもともとヴァーグナーの芸術を誤解していたのだった。何よりも彼は、自分を誤解していたのだ。

彼は自分の本能をショーペンハウアーの哲学に隷属させていた。後の彼には、こうして異質の精神に自分の本能を屈服させていたのが、病気の経過であるかのように思えた。自分が自分の本能に耳を傾けずに、見当違いな意見にふり廻されて、自分の本能をひとつの芸術の影響にさらしていたことに気がついた。その芸術は、自分の本能にとって有害でしかなく、本能を病気にしてしまうのが落ちだったのだ。

37　ショーペンハウアーの哲学

ニーチェがまだショーペンハウアーの哲学を信じていた頃、彼の『反時代的考察』の第三部『教育者としてのショーペンハウアー』(一八七四年)の中で、ニーチェは自分の根本衝動とは相容れないショーペンハウアー哲学から受けた影響について述べている。――自分は教育者を求めていた。正しい教育者であるなら、教育を受ける者の内なる存在の核心が人格そのものの中から育っていけるように働きかけることができなければならない。どんな人にも、時代が、時代の文化手段が影響を及ぼしている。どんな人も時代が提供する文化素材を受容している、と。

問題は、その人がこの外から働きかけてくるものの中で自分を見出すことができるかどうかである。他の誰かではなく、自分の中にしか存在しえないような何かを自分の中から紡ぎだすことができるかどうかなのである。

「「大衆の中に埋没したくない人は、自分に安易であろうとさえしなければよい。そして自分の良心の声に従うのだ。その声はこう呼びかける。——自分であり続けなさい。お前が今やっていること、思っていること、願っていること、それがお前なのではない」。自分にそう呼びかける人は、ある日気がつくであろう。自分はこれまで、いつも教養の素材を外から受け取ることで満足していた、ということにである」(『教育者としてのショーペンハウアー』第一章)

ニーチェはショーペンハウアー哲学を研究することで、自分自身に出会った。たとえはじめはまだ、自分にもっともふさわしい自分の姿に出会ってはいなかったとしても。ニーチェは無意識的に、素朴に、正直に、自分の根本衝動に見合った仕方で自分を表現しようとしていた。

ニーチェが自分の周囲に見出した人びとは、みんな時代の教養の衣をまとっていた。自分たちの存在をこの衣裳で着飾っていた。しかしショーペンハウアーは、世界に対して、自分の個人的な感性を哲学的に表現する勇気をもっていた。ショーペンハウアーの文章に初めて接した時、ニーチェは「語り手の力強い喜びの気持」を受けとった。

「ここにはいつも変らぬ力強い空気がある、とわれわれは感じる。ここにはある種の真似できない自由さ、自然らしさがある。そういう人は自分の中にわが家をもっている。しかも非常に豊かな心の家の主人なのだ。その反対は、一度才能を発揮できた時、そういう自分に大満悦していられる著作家たちである。そういう人たちの講演は、その才能故に、何か不安な、不自然なものを示している」

「ショーペンハウアーは自分に向って語っている。というか、自分のために誰か聴き手を考える時にも、父親の説教を聴く息子のような相手を考えている。彼の話は、愛情をもって耳を傾ける聴き手を前にしての正直な、無遠慮な、好意にみちた語り方をしている」(『ショーペンハウアー』第二章)

心の奥から本能的に語る人物の話を聞いたことで、ニーチェはショーペンハウアーに引きつけられたのだった。

ニーチェはショーペンハウアーの中に力強い人格を見ていた。ショーペンハウアーは哲学によって単なる知的な人間になったりはしない。むしろ論理的なものを、超論理的なもの、つまり本能的なものの表現にしようとする。

「強い自然への憧れ、健康で単純な人間性への憧れ、それは彼にとって、自分自身への憧れだった。そして彼が自分の中の時間に打ち克つや否や、彼はまた、驚愕《きょうがく》の眼で自分の中に精霊〔ゲニウス〕を認めざるをえなかった」（『ショーペンハウアー』第三章）。

ニーチェの精神の中には、すでにその頃には超人の理念を求める意志が働いていた。超人は、自分の存在の意味を自分の中に見出している。ニーチェはショーペンハウアーの中にそのような超人の姿を見たのだ。

ニーチェはそういう自己探求者においてこそ、この世を生きることの目的が、しかも唯一の目的が達成される、と思っている。そういう自己探求者を生じさせた時、自然はひとつの目標に達した。ニーチェにはそう思えたのだ。

「自然は決して跳躍しない。しかしその自然がここで一回だけ、跳躍してみせる。

嬉しさのあまりの跳躍である。なぜなら自然は初めて、目標に達する自分を感じたのだから。すなわち自然が目標をもっていることを忘れなければならない、と納得するその場所でである」(『ショーペンハウアー』第五章)

この文章の中に超人の構想への芽生えがある。この文章を書いた時、すでにニーチェは、後年、『ツァラトゥストラ』で望んだのとまったく同じことを望んでいた。しかしその望みを自分の言葉で表現する力にまだ欠けていた。『ショーペンハウアー』を書いた時、すでにニーチェは超人を産み出す文化の根本思想をすでに見ていた。

38　歴史の功罪

それ故ニーチェは、すべての人類の進化目標を、個人の人間的本能の進化の中に見ていた。この進化に逆らうどんな行為も、人類に対する根本的な犯罪であると思えた。しかし人間の中には、当然のように自分の自由な発展を妨げるものがある。人間は、どんな時にも働いている衝動によって、自分を確認しているだけでなく、記憶の中に集められたすべてによっても、自分を確認している。人間は自分自身の体験を思い出すだけではない。人間は自分の属する民族、血族更には人類全体の体験をも意識化したいと思っている。人間とは歴史的な存在なのである。

動物のありようは非歴史的である。一瞬一瞬、自分の中に働く衝動に従っている。人間は自分を過去に従わせている。人間が何かをしようとする時は、こう自問自答する。「これまで、似たようなことをやった時、どんな経験をしてきたか」。

行為への衝動が、過去の似たような体験を思い出すことで、すっかり消されてしまう。ニーチェの場合、この事実を観察することで、次のような問いが現れる。「人間の想起能力は、その人の人生にどの程度までプラスに働くのか、またはどの程度までマイナスに働くのか」。

自分で体験したことのない事柄をも追体験しようとする記憶が、歴史的感覚として、人間における過去の研究となって働いている。ニーチェはこう問いかける。「歴史的感覚には、どの程度まで人生を促進させる力があるのか」。

彼はこの問いに対する答えを、第二の『反時代的考察』である『生に対する歴史の功罪』（一八七四年）の中で与えている。この本を書くきっかけは、ニーチェと同じ世代の、特に学者たちの歴史的感覚が、ある際立った特徴を示していることに気づいたことだった。

ニーチェは、いたるところで、過去への没頭が賞讃されているのに気づいた。過去を認識することによってのみ、何が可能で、何が可能でないかをはっきりさせることができる、というのだ。

歴史へのこの信仰告白がニーチェの耳にも届いた。ある民族の歴史に通じている者だけが、その民族の未来のために役立つことを推し量ることができる、というのだ。ニーチェはそう叫ぶ声を聞いた。

哲学者たちまでもが、もはや新しい何かを考えようとはせず、むしろ祖先たちの思考を研究する方を好んでいる。この歴史的感覚が現代の創造活動を萎縮させている。自分の中に生きているどんな衝動に対しても、過去に生じた似た衝動のことが気になる人は、その衝動の力を、それが働く前から萎えさせている。

「極端な例として、次のような人間を考えてみ給え。その人は忘れる力をまったく持っていない。どんな時にも生成だけに注意を向けるように命ぜられている。そういう人は、もはや自分自身の存在が信じられない。もはや自分が信じられず、すべてが動かされた点の集りであり、それがばらばらになって流れている。そしてこの生成の流れの中で自己を失っている。……忘れることがどんな行動にも必要なのだ。どんな有機的存在の生命も、光だけでなく、闇も必要としている。徹底して歴史的にしか感じとろうとしない人は、眠りを奪われている人に似ている。もしくはいつも反芻《はんすう》をくり返している動物に似ている」(『生に対する歴史の功罪』第一章)

ニーチェによれば、どこまで歴史に耐えられるかは、その人の創造する力の度合に応じている。力強い人格は、過去の体験を思い出していても、自分の意図に従って行動する。というか、まさにそういう体験を思い出すことによって、自分の創造する力の強さを経験する。しかし弱い人格の力は、歴史的感覚によって消されてしまう。現代を生きる者の墓掘り人になりたくないのなら、どこで過去を忘れなければならないのか、その境界を設定するために、一人の人間、ひとつの民族、ひとつの文化の彫塑的な力がどれ程の大きさなのかを正確に知っていなければならないであろう。私の言いたいのは、自分の中から独特の仕方で成長して、過去のもの、見知らぬものを作り変え、ひとつにして自分の中に取り込むことのできる、あの力のことである(『歴史の功罪』第一章)。

ニーチェによれば、歴史は、個人、民族、または文化の健康が必要とする限りでのみ、必要なのである。ニーチェにとって大切なのは、「歴史を人生目的のために役立たせるために、もっとよい学び方をすることなのである」(『歴史の功罪』第一章)。

歴史が可能な限り特定の現代的な衝動を促進させるのに役立つような仕方で、歴史を研究するのは、人間の権利だ、とニーチェは述べている。

この観点からすれば、ニーチェは「歴史の客観性」だけを大切にする現代の歴史考察の敵である。この現代の歴史考察は、過去が「事実上」どのような経過を辿ったのかを調べ、物語ることだけを目標にする。特にどうということもない認識、もっとはっきり言えば、何にもならないような真実だけを求めている（『歴史の功罪』第六章）。

こういう考察は、弱い人格からしか生じえない。そういう人格の感受性は、出来事の流れを眼の前にする時、潮の満ち干《みひ》のような大きな動きを共にしようとはしない。そういう人格は、「別の音に共鳴する共鳴体になった。その共鳴体が響くと、その響きがふたたび別の同じような共鳴体を響かせる。こうして遂には、ある時代の空気全体が、このようなブンブン音を響かせる似かよった微妙な共鳴音に包まれるのだ」（『歴史の功罪』第六章）。

しかしニーチェは、こういう弱い人格が過去の人びとの中の支配力を感じとれるとは思っていない。

「しかしみんな、いわば歴史という元になる音の倍音の上音しか聴いていないようだ。原曲のきびしさ、力強さは稀薄でしかも鋭さのある絃楽器の響きからはもはや聴きとれまい。その代り、原曲の音は、大抵、行為、困難、恐ろしさ、を呼び起こしたが、絃の響きは、私たちを眠りにさそい、私たちを軟弱な享受者にする。まるで英雄的な交響曲を二つのフルート用に編曲し、夢見る阿片常用者用に仕上げているようだ」(『歴史の功罪』第六章)

現代においても力強く生き、力強い本能を失わずにいる人だけが、過去を正しく理解できる。その人は自分の本能で先祖の本能を推定し、解明することができる。その人はあまり事実にこだわらない。むしろ事実から推定できるものに関心を寄せる。

「通俗的で経験にもとづく真実を一滴も含んでいない、それにも拘らず、最高度に客観的と呼べるような歴史記述を考えることができよう」(『歴史の功罪』第六章)

歴史上の人物や事件のいたるところに、単なる事実の背後にひそんでいるものを見つけようとする人こそ、あるべき歴史記述の巨匠と言えよう。しかしその人は、そのため力強い個人生活を送らねばならない。なぜなら本能と衝動は、自分の人格に即してのみ直接観察できるのだから。

「今の自分の最高の力からのみ、君たちは過去を説明することが許される。知るに価いするもの、保存に価いするもの、そして偉大なものを過去の中に探し当てるのは、君たちのもっとも高貴な諸特性を可能な限り働かせた時なのだ。似たものは、似たものによって生かされる。そうでないと、過去を君たちのところへ引き下ろしてしまう」「だから経験を積み、熟考を重ねた人こそ、歴史を記述することができる。何かをすべての人よりももっと偉大に、もっと高次に体験した人でなければ、過去の偉大なもの、高次のものを解釈することはできないであろう」(『歴史の功罪』第六章)

現代における歴史的感覚の優位に対して、ニーチェはこう主張する。「ともかく人間は生きることを学べ。そして学びとった人生のためにこそ、歴史を活用せよ」(『歴史の功罪』第一〇章)。

ニーチェは何よりも「人生の健康法」を求める。そして歴史はその健康法の役に立つ限りでのみ、用いられねばならない。

歴史記述の場合、何が人生を促進させるのか。ニーチェはこの問いを、その書『歴史の功罪』の中で立てた。そしてそれと共に、彼はすでに、本書二七—二八頁に述べた『善悪の彼岸』からの一節に記された地盤の上に立っている。

39　ダーフィト・フリードリヒ・シュトラウス

市民社会の俗物根性は、独自の個性の健全な発展に強烈な仕方で反対する。俗物とは、自分の素質を思いきり生かすことに喜びを見出す人とは正反対の人のことである。

俗物もそういう素質の育成を認めはするが、人間の才能の一定の平均値を超えてまでは認めようとしない。俗物は、自分の限界内に留まっている人に対しては、何も反対しない。平均的な人間に留まろうとする人とは折り合いをつけている。

ニーチェは同時代人の中に、俗物的な立場をすべての人のあるべき立場にしようとしている人たちがいるのを知った。その人たちは、自分の俗物性こそが唯一正しい人間本性だ、と思っている。ニーチェはそういう人たちとして、ダーフィト・フリードリヒ・シュトラウス、美学者フリードリヒ・テオドール・フィッシャーその他を考えている。フィッシャーは、——ニーチェによれば——ヘルダーリンを記念して行った講演の中で、彼の俗物信仰を、以下のように率直に述べた。

「彼(ヘルダーリン)は無防備な魂の持ち主でした。彼はギリシアのヴェルター、希望のない恋にも夢中になれる人だったのです。心のやさしい、憧れに充ちた人生でしたが、彼の意志の中には、力も内実もありましたし、彼の文体は偉大な生命感に充ちていました。そこここでは、アイスキュロスさえ思わせるものがありました。ただ彼の心には、あまりに堅さがなく、武器としてのユーモアが欠けていました。俗物なのにまだ野蕃人でないことには「つまり俗物のまま、まだ文化人に留まっていることには——訳者」、耐えられませんでした」(『ダーフィト・シュトラウス』第二章)

俗物は傑出した人たちからその生存権を奪おうとはしない。けれどもその傑出した人たちが、平均的な人間の要求に応じて造られた諸制度になじむことができないなら、破滅するしかない、と思っている。そのような諸制度は、現実的、合理的で、他にはない、だから偉大な人物も、その諸制度に組み入れられねばならない、と思っている。

ダーフィト・シュトラウスは、この俗物精神の下に、『古い信仰と新しい信仰』を書いた。この書を、もしくはその書の中で述べられている立場を相手どって、ニーチェの

『反時代的考察』の第一部は反論を展開している。

『ダーフィト・シュトラウス——信仰者・文筆家』(一八七三年)では、俗物に与えた新しい自然科学の諸成果の印象がどんなものであったかを、こう述べている。

「不死なる天上の生活へのキリスト教の見通しは、その他のキリスト教の慰めも含めて、救い難い程に崩れ去った」(『ダーフィト・シュトラウス』第四章)

彼、シュトラウスは、地上の生活を自然科学の考え方に従って好ましいものに、つまり俗物らしく好ましいものにととのえようとする。

そこで俗物は、星々の上には高次の霊など支配していないし、すべての宇宙現象には無感情の固定した自然力だけが支配している、ということをふまえて、人がどうすれば幸せでいられるかを示している。

「この数年間、われわれは大きな民族戦争に参加し、ドイツ国家確立のために働いてきた。そしてわれわれは、さまざまな試煉を受けてきた民族の運命が、予期せぬくらいに見事な仕方で、転換できたことによって、心の底から高揚させられている。これらの事柄を理解するのに、歴史研究が役立ってくれる。今、一連の魅力的で庶民的に記述された歴史本が出ているので、学者でなくても、理解できるようになった。その場合、われわれの自然認識も深めたいとも思うが、そのための誰にでも分かるような補助手段にも欠けていない。それだけでなく、われわれの偉大な詩人たちの著作の中でも、われわれの偉大な音楽家たちの作品上演の折にも、これ以上望めぬくらいに精神と心情、想像とユーモアの刺戟《しげき》を受ける。そのようにして、われわれは幸せに包まれて放浪する」(『古い信仰と新しい信仰』八八節)

以上の言葉から響いてくるのは、この上なく通俗的な生活享受の福音である。俗物は、通俗なものを超えていくものならなんでも、不健全だという。シュトラウスはベートーヴェンの「第九交響曲」についてこう述べる。――この曲を好きになるのは、「バロックを天才的、無形式を崇高と思える者たちだけだ」と(『古い信仰と新しい信仰』一〇九節)。この俗物主義の救世主は、ショーペンハウアーについてはこう述べる。――ショーペンハウアー哲学のような「不健全で何の役にも立たない」哲学によっては、何も根拠が示せない。せいぜい言葉が、冗談が使えるだけだ、と(『ダーフィト・シュトラウス』第六章)。俗物は、平均的な教養に応じたものだけを健全だと言う。

シュトラウスは、道徳的な根本命題を次のように提示している。「どんな道徳行為も、類の理念に従う個人の自己規定である」、と(『古い信仰と新しい信仰』七四節)。ニーチェはそれにこう反論する。

「はっきりした、分かりやすい言い方に変えると、こうなる。――人間として生きよ。猿やあざらしとして生きるな。残念ながら、この命題は全然使いものにならないし、力もない。なぜなら人間という概念の下に限りなく多様なものがひとつにつながれているからである。パタゴニア人(南アメリカ大陸南部の先住民――訳者)と学識豊かなシュトラウスは、その例である。更に言えば、同じ権利をもって、「パタゴニア人らしく生きよ」と言ったり、「シュトラウスのように学識豊かに生きよ」と言ったりは誰もしないであろうから」(『ダーフィト・シュトラウス』第七章)

シュトラウスが人びとに提示しようとしているのは、ひとつの理想なのかも知れないが、まったくつまらない理想である。だからニーチェはそれに抗議している。彼の中で本能が強くこう叫んでいる。「学識豊かなシュトラウスのようには生きるな！　お前らしく生きよ！」

40 『人間的な、あまりに人間的な』から『華やぐ知慧』まで

ニーチェは、著書『人間的な、あまりに人間的な』(一八七八年)の中で、はじめてショーペンハウアーの思考方法から自由になったようだ。ニーチェは自然の諸事象の超自然的諸原因を探し出すのをやめた。そして自然の中に説明根拠を得ようとする。彼は今、すべての人間生活を一種の自然経過として見る。そして人間の中に最高の自然の所産を見る。

人は「結局、人びとの間でも、そして自分ひとりでも、自然の中でのように、ほめもせず、非難もせず、すぐむきになったりもしないで、これまでなら、すぐに怖がっていたいろんなことを、芝居を見ているように、楽しみながら」生きていくのだ。「何かにとらわれることも、自分が自然の一員であるだけでなく、自然以上の存在であるという思いに駆り立てられることもなくなるだろう。……むしろこのようにして、人生のいつもの拘束を脱して、ますます認識を深めていくためにのみ生き続け、他の人びとにとって価値のある多くを、というか殆んどそのすべてを、ねたみもせず、不愉快にもならずに、断念できなければならない。そのような人にとって、もっとも望ましい状態は、人

間、道徳、法則を超え、そして事柄の従来の評価を超えて、自由に、おそれずに漂うことで満足することなのだ」(『人間的な』第一部三四節)。

ニーチェはすでに、どんな理想も信じなくなっていた。人間の行為の中に自然的な原因の結果だけを見、そのような原因を認識することで満足している。理想主義的認識の光に照らされたものだけを事物に見てとる人は、事物について間違った見方をしている、と彼は考える。その場合、事物の影の側面が見えなくなっているからだ。今、ニーチェは、事物の日の当たる側面だけでなく、その影の側面をもよく知りたいと思う。

彼の著書『漂白者とその影』(一八八〇年)は、彼のこの思いから生まれた。ニーチェはこの書の中で、生命の働きをあらゆる側面から捉えようとしている。彼は言葉の最上の意味で「現実哲学者」になった。

『曙光』(一八八一年)の中で、ニーチェは人類の進化の中の道徳の働きを、ひとつの自然経過として述べている。すでにこの書の中で、ニーチェは超地上的な道徳的世界秩序、善悪に関する永遠の法則などは存在しないと述べ、更に、すべての倫理道徳は、人間の内面を支配している自然本能、衝動に由来する、と述べている。

ニーチェ独自の遍歴の道が、今、切り開かれた。人間外の力で人間の義務を果すことなどできないのなら、自分の創造活動を自分で自由に行ってもよいことになる。この認識が『華やぐ知慧』(一八八二年)の基調になっている。

もはやニーチェの「自由な」認識を拘束するものなど何もない。古い価値の起源を認識し、その価値が神の価値ではなく、人間の価値にすぎないことを知ったあと、彼は新しい価値を創造するのが自分の使命だと感じる。今や彼は、自分の本能に反するものをすべて拒否して、自分の衝動に即した別のものをその代りにする。


「われわれは新しいもの、名のないものであり、理解されがたい、まだ分かっていない未来の早産児なのだ。われわれは、新しい目的のために、新しい手段を必要としている。すなわち新しい健康を、これまでのすべての健康よりも、もっと力強く、もっと抜け目のない、もっと粘り強い、もっと大胆でもっと楽しげな、新しい健康を必要としている。

これまでの価値あるものやほしいと思ってきたものをすべて体験し、この理想の「地中海」のすべての海岸を船で廻りたいと願っている魂、もっとも自分らしい経験を敢えて行うことで、理想の発見者、征服者がどんな気分でいるかを知ろうとする人……その人は先ず第一に、ひとつのことを、大いなる健康を必要としている。

……そして今、そのように長い旅の途上にあったあとで、われわれ理想の冒険者《アルゴナウト》たちは賢くというよりは、多分大胆に、……これまでの成果として、まだ未発見の国にようやく辿りつけそうな気がする。……このような展望のあとで、そしてこのような熱い良心と知識への飢えの中で、どうすれば今、現代人であることに満足できるというのか」(『華やぐ知慧』三八二)

41　永劫回帰

超人のイメージは、これまでに述べてきた思想方向の中からニーチェの心中に生じた。それは現代の文明人の対極であり、特にクリスチャンの対極であった。キリスト教の場合、強い生命を育成することに対する反感が宗教になった(『アンチクリスト』五)。この宗教の創始者は言う。「人間にとって価値あるものは、神にとっては忌まわしい」、と。キリスト教徒は、この世では実現できないと思われるすべても、「神の国」では実現できると思いたがっている。キリスト教という宗教は、地上生活におけるすべての配慮を、人間から取り上げてしまおうとする。それは弱い人の宗教なのだ。弱い人は、反抗する気力がない。だから「悪に反抗せず、どんな不都合も我慢しなさい」、という命令に喜んで従おうとする。キリスト教徒は、眼の前の現実から力を汲《く》み取ろうとする高貴な人格をまったく理解しようとしない。人間の国に眼を向けていたら、神の国が見えなくなる、と信じている。より進歩したキリスト教徒は、自分たちが終末の日に肉身のまま甦《よみがえ》って、楽園に迎えられるか、地獄におとされるかであろうとは、もはや信じてはいないが、「神の摂理」や万物の「超感覚的な」秩序をまだ夢見ている。

より進歩したキリスト教徒も、人間は単なる地上的な目標から自分を引き上げて、自分を理想の王国に順応させなければならない、と思っている。人生には純粋に霊的な背景があり、その背景によってこそ生きることに価値が与えられる、と信じている。キリスト教は、健康、美、成長、成功、持続のための本能、つまり能力を積み重ねることの本能を大事に育てようとはしない。反対に、精神、誇り、勇気、高貴さ、自信、精神の自由を憎悪し、感覚世界の喜び、今生きている現実の明るさ、楽しさを憎悪することを勧めている(『アンチクリスト』二一)。

キリスト教は自然のままのものを「唾棄すべきもの」だと言う。彼岸の存在つまり「無」なる存在がキリスト教の神として崇《あが》められ、無への意志が聖なるものとされている(『アンチクリスト』一八)。だからニーチェは『一切の価値の転換』のこの第一書の中で、キリスト教と対決した。そしてその第二書、第三書では、何かに頼って生きることだけに生きがいを感じている弱い人の哲学と道徳を克服しようとした。

ニーチェがあるべき人間のタイプとしていたのは、この世の人生を軽視せず、この人生を愛し、一回だけしか生きられないとは思えない程に人生を大切にする人間だった。だからそのタイプの人間は「永遠を希求する」(『ツァラトゥストラ』第三部「七つの封印」)。そしてこの人生を限りなく、何度でも生きたいと願う。ニーチェはその『ツァラトゥストラ』を、「永劫回帰の教師」にしようとした。

「万物は永遠にふたたび戻ってくる。われわれ自身も含めてだ。われわれはすでに永遠の回数生きてきたのだ。そしてわれわれと一緒に万物もだ」(『ツァラトゥストラ』第三部「快癒しつつある者」)

「永劫回帰」という言葉をニーチェがどのようにイメージしていたのかについて、はっきりした意見を言うことは今のところ不可能だと思う。全集版・第Ⅱ部に収められる『権力への意志』の未完成の部分のためのニーチェのノートが公開されたとき、もっと詳しいことが語れるようになるであろう。

講義　フリードリヒ・ニーチェ

I

デュッセルドルフ　一九〇八年六月一〇日

今日は私の個人的な体験から話を始めたいと思います。ある人物を訪問する機会が与えられた時の思い出です。午後二時頃のことでした。この人物は寝椅子に身を横たえて、考えに沈んでいたので、私ともう一人が部屋に入っていっても、気づかなかったようでした。ずっと物思いにふけっていて、すぐそばに立っている私たちにまったく反応を示しませんでした。

これから申し上げる一言一言は、是非慎重に吟味していただきたいのですが、その時私は、こういう印象をもったのです。——眼の前にいるこの人物は、午前中、深刻な問題を抱えて、思索に没頭していた。それから昼食をとり、そして今、午前中に考えたことをもう一度心の中に甦らせて吟味しているらしい。

胸まで毛布をかぶっていて、ひときわ生きいきとした人物の、生きいきとしたその顔色からも、この人物のさわやかな人間性をうかがい知ることができました。その秀でた額《ひたい》は、芸術家と思想家の両方を兼ねそなえたような、めったに見ることのできないような、実に見事な印象を与えました。人類の抱える大切な問題を一つひとつ誠実に取り上げて思索を重ねている人物に向き合っている、と思えました。

そのような印象を与えてくれた人物は、その当時、もう三年以上前から、狂気に陥っていました。ですから、今述べたような姿が、いつ恐ろしい状態に変るか分かりませんでした。でも私は、これから、その時の私の印象をふまえて、話を進めたいと思います。

この人物は、フリードリヒ・ニーチェです。私が彼と出会ったのは、あとにもさきにも、この時だけでした。分かっていただけると思いますが、こういう出会いは、それだけでも非常に深い印象を与えます。客観的に言えば、以上に述べたことは、現実を正確に映し出していませんから、「そのような印象を与えてくれた」、と申し上げました。

その時私は、何か特別の状況を眼の前にしていました。内面と外見とが矛盾していたのです。その当時のニーチェは、自分の作品のことをもはや思い出すこともありませんでした。どんな本を書いたかも分からず、自分を取りまく事情も分かっていませんでした。しかし、それにも拘らず、彼は生きいきと寝椅子に身を横たえ、深い思索にふけっているようだったのです。ですからこんな思いに、われ知らず、とらわれてしまうのです。――霊的な問題を身近かに感じる人なら、きっと分かってくれると思いますが、この魂が今もなおこのからだから離れようとしないのは、どうしてなのか、という思いになのです。

ニーチェの人間性とその霊的な作業に深い関心を寄せる人なら、この問いに答えることがきっとできるでしょう。ニーチェの魂はまだこの世を去るわけにいかなかったのです。私たちはニーチェの中にまったく独特な人格を見てとることができます。しかしなんらかの仕方で、肯定するか否定するかしかしようとしない人、無心の態度でこの人格そのものに向き合うことができない人は、ニーチェの存在の本質に迫っていくことができないと思います。

霊性の認識に関心を持つ人たちが、私の著書『ニーチェ　みずからの時代と闘う者』を読んで気を悪くすることがあってもおかしくありません。なぜならその人がこう言うとすれば、それは私たちの時代に応じた態度だからです。「ニーチェについてこういう言い方をする人は、ニーチェ主義者に違いない」。

しかし私もこう言わせてもらいたいのです。「私自身がどんな思想に行きついたかは、どうでもいい。ひたすらある人物に没頭することができないのだとしたら、その人物について語る資格など、私にはないのだ」、と。

何にもとらわれずに、相手に関心を寄せるのは、誰かが別の誰かの代弁者になりうるような立場です。フリードリヒ・ニーチェに対しても、このような考察の仕方が、彼の存在そのものを考えるなら、どうしても必要です。ニーチェの人格がおそらく、それを求めているのです。もしもニーチェが今、正常に頭脳を働かせることができたとしたら、ニーチェの身方や敵が述べている事柄は、彼の心に奇妙な印象を与えたことでしょう。

彼は自分の行為のすべてに嫌悪感を抱くことさえできた人なのです。ツァラトゥストラの次の言葉は、彼の心の真実を物語っています。「私を信じるというのか。——私のすべてを否定したときはじめて、私はふたたび君たちのところへ戻ってくる」。

ニーチェの病床から受けとることができたような印象を感情で受けとることができた時はじめて、新しいニーチェ像を作る試みが許される、と思っています。ニーチェ自身を通して、そして近代の精神生活を通して現れるであろうようなニーチェ像をです。ニーチェは他の多くの精神たちとはまったく違った姿で、この近代という時代に現れました。ニーチェの魂の特質を知ろうとするのなら、多分、次のような見方をすることが一番いいと思います。すなわち、他の人たちにとっては概念、表象、理念、確信であった多くが、ニーチェにとっては、知覚であり、感情であり、内奥の体験だった、という見方をすることがです。

近代の精神生活、最近の五、六十年の精神生活を心に描いて見ましょう。ニーチェにとっても身近かな時代の精神生活です。一八五〇年代の唯物主義が、ほとんどすべての近代国家の中に影響を及ぼしていました。物質とその物質の運動以外は、何も実在していません。われわれが知覚することのできる三素材、固体、液体、気体だけが、運動を生じさせる。その運動が、脳の中で、思考内容を生じさせる、というのです。

この時代には、こうも語られました。——言語は動物の発する音声から発達したものだ、と。同様に、人の気持ちも体験内容も、本能のあらわれ、高次の本能だというのです。もちろん、こういう考え方をする人は、時代の劣った精神なのではありません。むしろ、時代を代表する人、首尾一貫して時代と思考を共にした人が、こういう立場に甘んじて立っていたのです。

もちろん、物質の支配に満足しない人も少なくありませんでしたが、大半の人は、万物はいつか消滅する、という考え方の方を優れていると思っていました。多くの人がこの考え方に満足していました。そしてそこから、物質中心の科学体系が世界観に組み込まれ、いわば唯物思想の最盛期を迎えることになったのです。

ここでもうひとつの、別の立場のことにも触れておかなければなりません。人類の偉大な理想に眼を向ける人たちの立場です。仏陀、ヘルメス、ピタゴラス、プラトンに眼を向け、イエス・キリストの姿、霊的な立場を代表する人の姿、人の心を高める何かを体現する人の姿、そういう人の姿に感動する人の立場です。そういう立場の人でさえ、時に思わずこうつぶやくのを想像するのはむずかしいことではありません。「ああ、仏陀、ヘルメス、ピタゴラス、プラトン、この人たちはみんな、精神的に高い理想を、自分の心を高めてくれる何かを夢見ていただけだったのだ」。

私は皆さんに思いつきを述べているのではありません。六〇年代の多くの人たちの心を述べているのです。唯物論の金縛りにあった人たち、理想を空想だと思っていた人たちの中には、こういう感じ方も存在していました。そしてそういう人たちの心には、深い悲劇が忍び寄っていました。

学生時代、教授時代の若きニーチェは、そういう時代を生きていたのです。そういう時代がニーチェの修業時代でした。その頃から、彼は他の誰とも違っていました。同時代の誰とも違ったタイプの存在でした。

この違いを私たちの概念を使って説明してみるなら、御承知の通り、人間存在は肉体だけではなく、肉体以外にも、エーテル体、アストラル体を持っています。この観点に立って言えば、こう言うことができます。「すでに若きニーチェは、エーテル体と肉体との結びつきにおいて、例外的存在だった」、と。

ニーチェの場合、エーテル体と肉体の結びつきは、非常にゆるいものでした。ですからニーチェが内的に魂で体験したことは、他の人たちの場合よりも、はるかに霊的な仕方で体験されました。はるかに肉体から独立して体験されたのです。

さて、学生時代のニーチェは、はじめ古代ギリシア人の世界に導かれましたが、その時の彼の心の中には、二つの流れが生きていました。一つは彼生来の、カルマに由来する流れで、その流れは、深い宗教的な彼の本性を映し出していました。その本性は、何かに畏敬の念を寄せたい、何かを仰ぎ見たい、という宗教感情に貫かれた気分でしたが、その時、エーテル体と肉体の独特な結びつきを通して、驚くべき感受性を生じさせていました。すなわち、感じとるべき事柄、予感すべき事柄を、書物の行間から読みとり、教師の言葉から聴きとる、という感受性をです。

こうして若きニーチェの中に、古代ギリシア世界について、一つのイメージが作られたのですが、そのイメージは彼の魂の奥に深く刻み込まれ、明瞭な表象となって、というよりも、感情となって生きていました。

このイメージを、若いニーチェが体験した通りに私たちの魂の前に置こうとするのでしたら、あらかじめ若いニーチェと時代との関係を考察しておかなければなりません。ニーチェは時代の唯物論的風潮から距離をおいていました。唯物論を理解してはいましたが、それが彼の心に触れることはほとんどありませんでした。ニーチェの場合はエーテル体と肉体の結びつきがゆるいものでしたから、時代の唯物主義がニーチェの心に触れるのは、浮遊する天使の衣裳のすそが地面をかすめた程度でしかありませんでした。

ただひとつ、こういう世界観に対する強い不満の感情だけが彼の心を重く、暗くしていました。

こういう世界観をもっていると、人生が荒涼としたものになるに違いない、と彼は感じました。この感情が彼の心に暗い影をおとしていましたが、しかし古代ギリシアへの思いが、この感情を包み込んでいました。このことが分かった時はじめて、彼の魂の中に生きていたものが理解できるようになるのです。

ニーチェのこの心象風景は、概念で表現できるようなものではありません。直観を通して表象しようと試みなければなりません。

太古の秘儀文化の時代、人間の叡智は、後の時代とはまったく違った在り方をしていました。秘儀の叡智は、人類の進化をこんにちの論理的な思考によってではなく、直観によって知ることができました。学ぶ仕方も、こんにちとは違っていました。

例えば神々が地上に降臨したとか、物質存在が遂に人間にまで進化を遂げたとかというイメージは、こんにちでは冷静に客観的に語られますが、当時は重要な情景として上演されたのです。具象的に神の降臨を、そして物質的なものの上昇を見たのです。それが演じられました。そこで秘儀の弟子の見たものは、まさに叡智だったのです。叡智でもあり、科学でもありました。科学は概念で理解するものではなく、直観で感じとられたのです。

その場合、別のことも伴っていました。その情景を見た弟子は、その情景を前にして、偉大な、敬虔な感情に浸っていました。その時の弟子は、叡智と宗教を同じものと感じていました。しかもその上、その情景は美しかったのです。本当に芸術的な情景でした。芸術と叡智と宗教が一体化して弟子の周りを流れていました。

ひとつになっていたものは、後に芸術と科学と宗教の三つに分かれました。このことは人類の進化の歩みに沿っています。実際、人びとがこのすべてを一つにしたままでいたなら、人類は進化できなかったでしょう。この三つのそれぞれが個々に完全なものになっていくためには、以前はひとつに結びついていた科学、芸術、宗教を別々に進化させなければなりませんでした。あとになってふたたび高次の、完全な形にまで合流するようになるためにです。

はっきり輪郭づけられて存在している事柄が、今、ヴェールで覆われている、と思って下さい。その状態で、一方が他方へ移行し合うのです。そして更に、ギリシア文化の中に、太古の人類進化の余韻が暗い予感となって、感情だけになって残っていた、と思って下さい。

その時皆さんの持つであろう感情が、若いニーチェの中に生きていたのです。それが若いニーチェの魂の基調でした。感覚世界を生きることの空しさ、辛さは、苦しみ以外のものではありません。それに耐えて生きるためにこそ、芸術と科学と宗教があるのです。この苦しみを救済に変えること、それが若きニーチェの魂の基調なのです。

彼の視野の前面にギリシア芸術の姿がますます大きく拡がって現れます。芸術は彼にとって、感覚世界を生きることに耐えるための大切な手段になりました。そのようにして彼は成長していきました。ギムナジウム〔九年制高等学校〕の卒業試験を受ける頃の彼は、そのような思いで生きていました。当時の彼は、他の生徒たちが学習するのに大変な苦労をしていたすべてを、当然のように身につけることができました。ですから古典文献学者たちが身につけなければならないギリシア語、ラテン語を修得し、学者になるために必要な条件を、当然のように満たしていました。

それに続く数年間、彼はますます学識を深めていきます。そして今、人類のさまざまな精神潮流がギリシア文化の中で合流するさまを、予感のように感じとる様子が見えてきます。彼はこの合流、この結びつきを、不確かな暗闇のように予感しました。彼は高次の何かを予感します。その高次の何かは、古代の人たちの中で生きていた何かなのです。

彼がターレス、アナクサゴラス、ヘラクレイトスについて考え、言わば古代ギリシア思想の核心の中に沈潜した時、ひとつの注目すべき思いが彼の中に育っていきました。その思いは、彼と他の学者たちとの違いをはっきり際立たせるようなものでした。

彼はこういう自覚をもったのです。「私がギリシアの哲学者たちに没頭する時、私は他の人のやるようにはできない。私がそうするのは、私にとってひとつの手段にすぎないのだから」。

この時彼の中に、他の学者たちとは違う何かが現れたのです。この違いをはっきりさせるために、ひとつの例をあげて説明してみようと思います。ターレスについてです。通常、学者がターレスの教義を取り上げる時、ターレスはその学者にとって、多かれ少かれ、ひとつの歴史の例証です。その学者はターレスを通して時代の精神をも研究するのです。

ニーチェの場合は、ターレスのすべての思想は、ターレスの魂そのものへのひとつの通路にすぎません。ターレスは生きた存在として、具体的な姿をとって、ニーチェの前に立っています。ニーチェはターレスと友情を結びます。ターレスと交際し、ターレスと純粋に個人的な友好関係を深め、ターレスの魂と結びつくのです。

歴史上のどんな形姿も、ニーチェにとっては現実なのです。ニーチェにとってどんな形姿も、自分と現実の関係をもっています。一八七二〜七三年に書かれた彼の論文「ギリシア人の悲劇時代における哲学」を見ると、そこに今言いましたことがはっきり表現されています。この論文でのニーチェは、自分の述べる人物たちと、哲学を通して友情を結ぼうとしています。

しかしこういう内密な関係を結ぶ時には、私たちの乾燥した学問とは、心情的に、まったく違った態度をとらざるをえません。考えてみて下さい。学者の書いた歴史がどんなに味気ないものか。そこに書かれているものは、学識のある、頭で考え出した仮説にしかすぎないのです。

愛や苦悩のような、魂の感情の働きのすべては、通常は、日常的な人間関係の中で体験されます。しかしこの上ない苦悩からこの上ない浄福感にいたるまで、感情のあらゆる段階は、ニーチェの場合、おぼろげな霊の深みから甦ってくる過去の魂たちに関しても体験することができました。日常の環境とはまったく違うところでも、自分の魂を引き寄せる存在たちが生きていたのです。通常、人が日常生活の中で感じるものを、ニーチェの場合、自分のために霊界から甦ってきてくれた友人たちからも感じとったのです。

そのようにニーチェの場合、苦しみ、喜び、愛を体験させてくれるひとつの霊界が存在していました。彼はいつも、現実の上を、感覚世界の上を浮遊するかのように生きることができました。このことは同時代の他の人たちとニーチェとを区別する大きな違いだったのです。

そこであらためて、このような生き方がどうして生じることになったのか、考えてみましょう。そこで気がつくのは、ニーチェの非常にすぐれた理解力です。彼がまだ博士号をとる以前に、バーゼル大学から彼の師である偉大な古典文献学者リッチュルのところへ、あなたの教え子であるニーチェを教授として迎えるために推薦していただけないか、という問い合わせがありました。

リッチュル教授はニーチェを推薦します。ニーチェの若さを考慮して、本当にその若さで大丈夫なのかとたずねられた時、リッチュル教授はこう書きそえました。「ニーチェは自分で望んだことはすべてやり通すことができるでしょう」。こうしてこの若き学者はバーゼル大学の教授になります。

ニーチェはすでに教授だった時、博士号を受けました。しかも無試験でです。試験官になる筈だった教授たちはこう言ったというのです。「でもニーチェ教授、あなたをわれわれが試験するわけにはいきませんよ。ありえません」。ニーチェの場合、通例など簡単に飛び越えてしまうのです。そういう彼に、二つの出来事が生じます。二人の人物の魂に出会うのです。一人はすでに世を去った人で、もう一人はこの世の人物です。ニーチェは読書を通して、ショーペンハウアーの魂に出会うのですが、その時の出会いは、ショーペンハウアーの哲学体系に驚嘆し、心服するというよりも、まるでショーペンハウアーに向って、「お父さん！」と呼びかけたくなるような感情体験でした。一方リヒャルト・ヴァーグナーと出会った時のニーチェは、古代ギリシアの文化に触れた時に感じた感情に通じるような、何か特別の体験をしました。その時の体験は、次のようなヴァーグナーの言葉で言い表わせます。「文化にはひとつの根源がなければならない。その根源においては、すべての芸術がひとつに統合されていたのだ」。

ヴァーグナー自身、芸術家として、諸芸術をふたたび綜合し、しかもそこにひとつの宗教的な「聖化」の雰囲気を注ぎ込むことを偉大な人類の理想である、と感じていました。

一方、諸芸術がまだ統合されていた人類の根源状態を自分の魂の中に甦らせようとする何かが、ニーチェの中になまなましく息づいていました。彼はこう述べています。「人間の真実について語るのなら、どんな人の中にも高次の何かが生きていることをふまえるのでなければならない。人類の真実について述べようとするのなら、感覚的知覚を超えた諸形姿に眼を向けなければならない」。

ニーチェはいつもこのように、どこか感覚世界の現実を超えたところに立っていました。「高次の何か」を求めたことによって、「感覚的知覚を超えた諸形姿」を求めたことによって、ニーチェは「超人」に辿り着きました。超人に辿り着いたことによって、ニーチェは、彼の純粋な、円熟した神話的形姿を創造することができました。

この感受性によって、ニーチェは高次の言語へ、つまり音楽へ導かれました。魂の言語になり得たオーケストラへです。リヒャルト・ヴァーグナーの魂の中に何が生まれていたのか、思い出してみましょう。ヴァーグナーの前には、シェイクスピアとベートーヴェンの姿が立っていました。ヴァーグナーはシェイクスピアを通して、行為する人たちを見ていました。その人たちが行為するのは、魂が苦悩の感情、至福の喜びを持った時でした。

リヒャルト・ヴァーグナーによれば、シェイクスピアの演劇の中には、行為する人たちの魂の諸体験が表現されています。そこではもっぱら、内面世界が眼に見えるものとして表現されているのです。ですから、シェイクスピアの場合、行為する人びとの魂の体験が感じとれるのです。

ベートーヴェンの交響曲の場合はどうでしょうか。ヴァーグナーによれば、この交響曲の中には苦悩と浄福感の間のすべての感情のいとなみが表現されています。交響曲の中には、魂の感情のいとなみのすべてが生きいきと表現されています。しかし行為となって空間の中に姿を現してはいません。あるとき、ヴァーグナーには、このベートーヴエンの音楽における内的体験が、力の限りをつくして、外に現れ出ようとしている、と思えたことがありました。それは第九交響曲の最終楽章においてでした。ヴァーグナーはその現れ出ようとする意志に結びつこうとします。彼はベートーヴェンの意志を継ごうとします。彼はシェイクスピアとベートーヴェンの芸術の統合を、綜合を、可能にしようとするのです。ヴァーグナーの中には、あの原人類文化の何かが生きていたのです。ヴァーグナーの中に衝動として生きていたものは、ニーチェにとって、自分のもっとも大切にしている夢を実現してくれるもののように思えました。

ショーペンハウアーとは、別の関係を結びました。ニーチェは情熱を込めてショーペンハウアーを読みました。彼は、どんな学派に対してもそうしたように、ショーペンハウアーに対しても一定の距離をおきましたが、そうであればある程、彼の中の感情は、ショーペンハウアーを「お父さん!」と呼ぶように促しました。ニーチェはショーペンハウアーと深い関係をもちました。ショーペンハウアーは彼にとって、リヒャルト・ヴァーグナーのような「重い存在」ではありませんでした。彼はショーペンハウアーによって、自分が純化され、高貴化されるのを感じました。彼の著作『教育者としてのショーペンハウアー』はそのような印象の下に書かれました。この著作のすべては、ショーペンハウアーを「お父さん!」と呼びたい感情から発しています。生者と死者をつなぐこれ以上強いきずなは、とても考えられません。

けれども、ショーペンハウアーからでは答えが見つからないような問題がニーチェの心に残っていました。文化と文化をつなぐきずなについての問いが、ますます強く彼の心に迫ってきたのです。彼は直観的に、人類の根源状態を理解していました。その時代には、個々の偉大な人物たち、秘儀において人びとを教え、導く秘儀の導師たち、秘儀参入者たちがいました。

ニーチェはそこからも「超人」という概念にいたりました。超人は、ニーチェによれば、自然進化の流れの中から必然的に現れるべくして現れました。次の一文が超人という彼の概念を証明しています。「自然はみずからを偉大な人間にまで引き上げる。だからこそ、自然みずからの最高の目標、偉大な人格が実現するのだ」。

このように、ニーチェは、自然と人間とをひとつに結びつけています。そして今、ニーチェの体験するすべては、理論とはまったく別のものになります。すべては根源的な魂の体験になるのです。そこではみずからの苦しみ、喜び、みずからの行動意欲が燃え上ります。

ニーチェが何を語っているかが問題なのではなく、大切なのは、語ることで彼の心の中の燃え上るものを示唆している、ということなのです。そして、魂の中で体験するものを告げ知らせるために、彼の最初の重要な著作『悲劇の誕生』が生まれました。

この著書の中で、彼は、古代ギリシアにおける諸芸術の統合の中から、ギリシア文化が発展したことに注目します。そこには深い真実の響きが感じとれます。彼は霊学が課題とするような文化の根源についても予感し、言及しています。

ニーチェは諸芸術が、原初、グロテスク〔奇怪〕でパラドクス〔逆説的〕な形態をとって現れた、と思っています。人間も野蕃で、グロテスクな姿をとって動き廻っていた、というのです。まるで本能の命じるままに生きていたのですが、その一方で、秘儀文化の芸術は、霊的なものの最高の表現を示していました。

ニーチェは、秘儀の中に身を置く古代人を追体験します。まるで自分自身を芸術作品にするかのように、宇宙のリズム、星々のリズムを、舞い踊りながら模倣しつつ宇宙法則を体現する古代人を、追体験しようとするのです。

しかしニーチェはこういう体験の仕方を、本能的な感情の働きによるものだ、と思っていました。宇宙の諸法則がこの上なく純粋で高貴な象徴形式をとって、秘儀参入者から人びとに伝えられたのだとは思っていませんでした。ですからニーチェの場合、すべてはあのような荒々しい表現をとっているのです。しかしそこには、霊的現実の予感がはっきりと示されています。

ではニーチェは、後期の悲劇をどう見ていたのでしょうか。そこには後期の時代のすべてが実りゆたかに表現されている、と彼は述べています。人びとはすでに神々との関連を失ってしまったので、舞踊によっては、もはや宇宙の合法則性を模倣できませんでした。当時の人は、イメージの中で模倣するしかありませんでした。ニーチェにとってそのイメージは、根源的なもののはっきり輪郭づけられた姿ではありましたが、根源的体験そのものではありませんでした。

ですから私たちは、すでにソフォクレスの場合に、アポロン的な芸術と出会います。そこでは根源的なものが安定した、つまりはっきり輪郭づけられたイメージとして表現されています。

そのようなニーチェが、リヒャルト・ヴァーグナーによって、太古のディオニュソス的な要素につれ戻されたのです。皆さんもお感じになると思いますが、彼の著書『悲劇の誕生』の余韻は、憧れと予感と混乱の入り交ざった不協和音で終ります。

けれども今や外の現実がますます彼に影響を及ぼしてきます。古代文化の代りに、近代文化の影響を身近かに感じるようになります。彼の人生の初期には無縁でしかなかった近代唯物主義に、彼は今、あらためて出会うのです。すでに申し上げたように、一九世紀になると、もっとも高貴な精神の持ち主たちの多くが、唯物主義の中にある種の祝福を見出したのです。ニーチェもまた、彼流のやり方で、この時代の流れに出会います。今やすべての理想が、彼の視野から姿を消しました。「まるで氷の上に置かれた」ように、と彼は一度言いましたが、古代以来の理想がすべて、彼にとって凍りついたものになってしまいました。今や古代以来の理想のすべてがひとつの「約束にのっとった悪」に思えました。つまり人間的な弱さの産物になってしまいました。こうして『人間的な、あまりに人間的な』が書かれます。

ここから彼の人生の第二の時代が始まります。彼は唯物主義的世界観を生き抜きました。彼流のやり方で、自分の心をこの世界観に沈潜させました。そのためには、自分が考えようとするすべてを自分の魂の中に閉じ込めておかなければなりませんでした。それが彼の運命でした。

そしてまさにこの世界観から、ダーウィン主義から、何かがひとつの救済であるかのように、開示されました。そしてふたたび唯物主義から彼を引き離してくれました。

彼はダーウィン主義の立場から人間の進化に眼を向け、そしてこう考えたのです。「人間は動物から進化してきた。とすれば、そこから二つの帰結を引き出すことができる。そうでなければならない。なぜならそれは、唯物主義の必然の帰結なのだから。唯物主義と共に生きなければならない私は、動物の姿を見る時、その姿の中に過去の人間生活の名残りを見る。人間の姿を見る時の私は、その姿の中に未来の人間の可能性を見る。猿は人間と動物の間の架け橋である。それなら人間は何なのか。動物と超人の間の架け橋なのだ。人間の中には超人がまどろんでいる」。

現在の人間の中に超人を予感することができるような生き方とは、どういう生き方なのか。それをニーチェは感じとろうとしました。そうせざるをえませんでした。それが『ツァラトゥストラ』の抒情的な気分でした。『ツァラトゥストラ』は超人の歌なのです。未来の人間のための歌なのです。感情が『ツァラトゥストラ』をこの超人の思想と結びつけているのです。感情こそが『ツァラトゥストラ』という作品を実現させてくれたのです。

そこで今、この感情が更にもうひとつ別の思想と結びつきます。抒情的な気分のすべてが『ツァラトゥストラ』の中に響いていますが、しかしニーチェは霊的な拠りどころをもっていませんでした。ニーチェにとって、そのような拠りどころは存在していませんでした。ですからニーチェの視野の中に、輪廻転生の思想が現れませんでした。「超人」が現在の人間の内部でも、高次の神的自己として生きている、とは考えませんでした。

人間が超人となってふたたび回帰するというのなら、つまりそこに進化、発展の上昇線上の歩みを見ることができるなら、慰めがあります。しかし、同じものが繰り返されるのでは、慰めになりません。しかしニーチェはそうは考えませんでした。

とはいえ、ニーチェの語るところと霊的な直観との間には、秘密に充ちた関連があります。ニーチェの場合、超人の思想は、同じものの永遠の繰り返しの思想と結びつきました。その結果、奇妙な思想が生じました。彼にとって、どんな事柄も、すでに数限りなく繰り返されてきたのです。この思想は、ニーチェのもっとも彼らしい思想でした。私たちが考えたり、感じたりしていることは、すでに数限りなく繰り返して考えたり、感じたりしてきたことだ、というのです。そして私たちはこれからも、そのように考えたり、感じたりするのです。この思想は今、超人の思想と結びつきます。ニーチェは、この両方の思想の中に感情を移入させたのです。

さて、ここで別の観点から、ニーチェのエーテル体について考えてみましょう。ニーチェのエーテル体は、肉体との結びつきをゆるくしています。ですからいつでも、肉体から分離できる状態にあるのです。

考えてみて下さい。ここにひとりの人間がいるとします。その人は、自分の考えをまったく真剣に受けとっているので、次のような気分に従っています。――私の存在の仕方、私の感情の働きに従って、これからも私は、永遠に存在し、永遠に感情を働かせて生きていく。

そこで考えてみて下さい。ニーチェが自分の肉体とエーテル体についてどのように感じていたか、についてです。その時のニーチェは、一年のうち百日は、途方もなく辛い頭痛になやまされていました。そのことをふまえるなら、この辛い状態が数限りなく続いてきたし、数限りなく繰り返されるであろう、という思いが彼の魂にどういう働きかけをしたか、分かっていただけると思います。

私たちは一方では超人の思想が与える慰めを感じ、もう一方では同じことの永遠の繰り返しの思想が与える慰めようもない辛さを感じます。だから次のようなニーチェの思いに心を寄せることができます。「幸せだ、今でも故郷をもっている人は！」

私たちはいろいろな機会に郷愁を感じます。私たちは一九世紀の世界観の運命に関わる何かを、フリードリヒ・ニーチェという存在の中に感じます。ニーチェは故郷喪失を実感せざるをえませんでした。そのことは、深い感性をもった魂の中に時代の世界観が生きているだけでなく、霊界の故郷への憧れも生き続けていることの証しです。

叡智と芸術と宗教を統合することによって、ひとつの偉大な文化をふたたび生じさせるには、どうしても霊的な観点に立つ必要があるのです。霊的な観点に立って、同じことの永遠の繰り返しの思想を更に発展させるなら、つまりこの思想を輪廻転生の思想と結びつけるなら、同じことの永遠の繰り返しの思想に真の内実が与えられます。その時はじめて、叡智と芸術と宗教の統一が新たに可能になるのです。その時は、同じことの再来なのではなく、絶えざる完成への努力になるのです。

ニーチェの生涯の中には、ひとつの大きな問いが現れています。「真に深い魂にとって、唯物主義的な世界観の中で生きることが、どうすれば可能なのか」。ニーチェの魂は、私たちの文化の心を不安に駆り立てる問いへの答えを、どうしても見つけ出せませんでした。そのような問いは、霊的存在を肯定する立場に立つのでなければ、答えが見出せないからです。

私たちは今、この心を不安に駆り立てる問い、もっとも深刻な魂たちが感じとらなければならない問いへの答えを見出すために戦っています。ニーチェはそのような問いを提示し、それに答えることができませんでした。憧れが彼の心を満たし、同じ憧れが彼を破滅に導きました。ニーチェの叫びは憧れに応えてくれる何かを求めています。憧れはニーチェの魂の力となって、生き続け、ニーチェの外的形姿を内的な活力の型取りであるかのように、生きいきと保持し続けてくれました。その姿は、まるで霊の死〔狂気〕を超えて、魂が肉体に留まり続け、更になお、ニーチェが手に入れられなかった答え、あれ程渇望し、そして最後に彼を破滅させた答えを今もなおつかみ取ろうとしているかのようでした。彼こそは、時代の偉大な質問者なのです。人類の問いのための質問者です。そして私たちの霊学は、今新たに、この質問者に向き合うために存在しているのです。

Ⅱ

ベルリン　一九〇九年三月二〇日

フリードリヒ・ニーチェとの一回限りの出会いは、私にとって忘れることのできない体験のひとつです。彼は、その時すでに狂気に陥っていましたが、その姿は非常に、非常に意味深いものでした。午前中さし迫った問題と取組み、そして午後になって、少しからだを休め、取組んだ思想の余韻にひたろうとしているかのようだったのです。彼はとても元気そうに見えました。でもすでに精神は、まったく異常をきたしていました。誰が誰だか、まったく区別できませんでした。秀でた額は、芸術家のようでも、思想家のようでもありましたが、それなのに、狂気に陥った人の額だったのです。まるで謎のように見えました。狂人であれば、こんな姿をしている筈がないのに、と思いました。

このことを霊学の概念で説明するなら、記憶の担い手でもある人間のエーテル体は、一生肉体と結びついています。でもその結びつき方は、人によってさまざまです。ある場合は、それほど強く結びついていませんが、別の場合の結びつきは、とても強固です。ニーチェのエーテル体は生来、非常に活潑《かっぱつ》で動的でした。動きやすいエーテル体をそなえた人は、二つの特徴をもっています。ひとつは天才的な、自由な発想力、想像力です。

互いに無関係なように見える概念と概念を結びつけ、互いにばらばらな展望を互いに関連づけて直観するのです。そういう人は、他の人とは異なり、肉体の重みによって与えられた生活状況の中にとじこめられてしまってはいません。

フリードリヒ・ニーチェがまだ博士号をとる以前、彼はバーゼル大学の古典文献学の教授に任じられました。彼の師リッチュル教授のところに問い合わせが来たとき、リッチュル教授の返事はこうでした。「ニーチェはやろうと思ったら、何でもやれる男です」。

彼はすでに教授職についていたにも拘らず、博士資格試験を受けようとしました。それくらいニーチェは、精神的に自由に行動できました。こういう人は分かりやすい観念の中で生きてはいません。いわば日常から壁で隔てられているかのように、彼は生きていました。

しかしこのような精神傾向には別の何かもつきまとっています。つまり、このような傾向をもっていると、ある種の人生の悲劇に行きつかざるをえないのです。日常の生活に関わる道を辿るのが下手なのです。眼で見たり、手でさわったりできないもの、日頃眼に触れることのない、苦労して手に入れた精神の所産の中で生きる方が楽なのです。

日常の苦しみと喜びから壁で隔てられているような彼の眼差しは、遥か彼方の、人類史の成果へ、かつて人間精神が達成したものへ向けられています。ですからニーチェは、一九世紀の文化に対して、独特の立ち位置を示すことができました。

一九世紀後半期の文化に眼を向ける人には、物質界を征服しようとする烈しい精神衝動につき動かされている状況が見えてきます。一八五八年から五九年にかけての状況に眼を向けてみると、その頃、種の起源に関するダーウィンの研究が世に出ました。この著作によって、人間の眼差しは、進化に関して、もっぱら物質に釘づけにされてしまったのです。

更に同じこの時期に、私たちの宇宙空間の果ての物質素材の認識を可能にする著作が出版されました。キルヒホフとブンゼンによるスペクトル分析です。この時点になってはじめて、地上に見出せる素材は他の星々にも見出せる、と言うことが可能になりました。

更にフリードリヒ・テオドール・フィッシャーの美学の本も出版されました。この書は美の存在を下から基礎づけようとしています。それ以前には、美は上から、理念から説明されていました。

このイメージを更に完全なものにするために一八五九年、社会生活をもっぱら物質世界に閉じ込めようとする著書が出版されました。カール・マルクスの『政治的経済学批判』です。まさにこのような時代背景の下に、ニーチェは育ちました。その時代、人間の眼は、ひたすら物質界に向けられたのです。考えてみて下さい。一九世紀後半の時代の流れの中で、存在のすべては、どんな在り方をしていたでしょうか。もっぱら感覚で把握することのできるものだけを考察の対象にしたヘッケルその他の学者たちのことを考えてみて下さい。自然科学と技術が一九世紀に達成したすべてを考えてみて下さい。

こういう時代潮流の中で、広く人びとがショーペンハウアーの哲学に心を惹かれたことは、人びとが一時霊性《スピリチュアリティ》へ逃避しているかのようにも見えます。このショーペンハウアー哲学への関心だけからも、当時、人びとの魂が精神的な満足を与えてくれるような何かを求めていたことが見えてきます。

ちょうどその頃に、一九世紀の偉大な精神たちのひとりであるリヒャルト・ヴァーグナーも、霊的なものをふたたび文化の中へ流し込ませようと、別のやり方で試みているのを見てとることができます。

いまニーチェは、この物質中心の文化の流れに身を置きました。どのように彼はそうしたのでしょうか。以上に取り上げた傑出した科学者たちは、創造的にこの流れに身を置いて活躍しました。そこには何か祝福を与えるような創造的な力が働いていました。そのような仕事ぶりは、精神を若々しくしてくれます。このことはヘッケルにも見てとれます。顕微鏡その他の道具を使って仕事をし、探求する人は、その仕事に喜びを見出し、自分も若々しくなります。若々しい心で気分を高揚させ、仕事にはげむことができます。ですから霊的世界への欲求を忘れていられますが、その人の中には人間を元気にするものがあり、その人の創造の喜びの中には、神的＝霊的なものが生きているのです。

ニーチェの運命も、この文化の流れと共にありました。この文化の流れの中にあって、人びとと喜び、苦しみを共有するのが、彼の運命だったのです。彼の心には、次のような感情が根を張っていました。「現代の文化と共に、どう生きたらいいのか」。ニーチェの心は現代文化のすべてと共にありました。喜びながらにせよ、苦しみながらにせよです。彼は一九世紀に生じたことのすべてを、全身全霊で生きたのです。

先程申し上げたように、すでに若いニーチェの人生には、二人の人物が影響を与えていました。ショーペンハウアーとは個人的に知る機会がありませんでしたが、ショーペンハウアーの著作は、彼に深い影響を与えました。そしてリヒャルト・ヴァーグナーとは、この上なく深い友情の絆で結ばれました。この二人の精神を通して、ニーチェは、私たちの文化の始めに現れた古代ギリシア精神の謎に沈潜するように促されました。彼はギリシア世界の深みに眼を向けました。その世界の最古の時代から歴史がすでに明るく照らし出されている時代にいたるまでです。

最初期のギリシア人は、ニーチェには、後代よりもはるかに神の世界に近いように思えました。後代のギリシア人は神々の姿を芸術作品として表現しようと試みています。後代のギリシア人は、神々を人間に似たものにし、そして人間の形姿を理想にまで高めています。

原初の時代のギリシア人はそうではありませんでした。原ギリシア人は、外なる自然のすべてが、嵐の吹きすさぶ自然、雷鳴のとどろく自然、稲妻の光る自然のすべてが、調和的な叡智となって生きいきと自分の中に流れてくるのを感じていました。その時代のギリシア人は、この調和を根源の音楽として、そして神殿舞踊として表現しました。この原ギリシア人をニーチェはディオニュソス的人間と呼び、後のギリシア人をアポロン的人間と呼びました。アポロン的ギリシア人は、原ギリシア人を模倣しました。考察しつつ原ギリシア的なものを芸術作品の中で表現しました。

ニーチェにはこの生成過程が謎としか見えませんでした。なぜなら彼は、ギリシア人がそこから力を汲み取ってきたところの原文化、ギリシア文化やギリシア文化に影響を与えた、より古い諸文化の大本になる原文化のことについては、何の知識も持っていなかったからです。

その原文化は、オルフェウスの秘儀とエレウシスの秘儀となって現れています。この秘儀は、叡智をあらわす神話や芸術の中にも表現されていますが、このことはニーチェの考察対象になっていませんでした。ニーチェにとって、原ギリシア人の所産はすべて、本能の所産だったのです。彼は秘儀参入者によって育《はぐく》まれた叡智のことについては、何も知りませんでした。この叡智が後に芸術作品や神秘劇上演の中で写し出され、ギリシア芸術に輝きを与えたのにです。ニーチェはこの秘儀を洞察することができませんでしたが、それを予感していたので、心を落ち着かせることができませんでした。彼はみずからの問いにまともに対応できずにいました。

こんにちの霊学が依拠しているあの根源の人間叡智の中に、彼はみずからのディオニュソス的人間とアポロン的人間への解答を求めるべきだったのです。彼にとって謎であったものの答えを、彼はエレウシスの秘儀とオルフェウスの秘儀から取り出さなければならなかったのです。そうしたら彼は、芸術が直観力を育てること、学問と宗教が人間の心を敬虔な気持で充たす何かを求めていることを、きっと知ることができたでしょう。宗教と芸術と学問は、古代秘儀の中では、まだ区別されていませんでした。この三つは同じひとつの根から生じたのです。太古の秘儀がその根でした。古代の指導的な諸民族の場合、秘儀は秘密の場所で大切に育てられ、そして文化に影響を及ぼす力になるように改造されました。古代秘儀においては、入門者のために、太古の叡智の下降が図像として表現されました。このことがニーチェに隠されていたので、彼は自分の求める関連を見つけることができなかったのです。ですからギリシアの精神生活の、彼の意味での下降する発展が、彼にとってはもっぱら悲劇的なものとしてしか表現できませんでした。

彼は秘儀の近くに立っていたアイスキュロスがまだ彼の内なる叡智によって悲劇を作成した、と思っていました。そしてソフォクレス、特にエウリピデスになると、その悲劇の筋立てがもっぱら外的な経過を表現していることにも気づいていました。そしてソクラテス派の場合、宇宙の源泉から離れた概念、宇宙における世界内容から離れたところで考察し、提示される概念が用いられていることも、分かっていました。

彼にとってソクラテスの中では、もはや世界そのものが、世界内容が脈打ってはおらず、世界に関する概念だけが幅を利かせている、と思えました。彼にとって、ソクラテスの場合、ギリシア人の本性の中に脈打つ生命がひからびた、味気ない抽象化に陥っているように思えました。ソクラテスが「徳は教えごとだ」という命題を提示したことは、ニーチェの心をいたく傷つけました。古代ギリシア人は、何をなすべきか感じとっていた、正しいか正しくないか、などとたずねたりはしない、――ニーチェはそう思っていたのです。神とは縁のなくなった時代になってはじめて、「何が善なのかを学ぶことができるのか」、と問うことができるようになった、というのです。それ故ニーチェにとって、ソクラテスはギリシア時代の没落期の人間だったのです。

ニーチェは、ショーペンハウアーという、実在の根源へ導くものへの予感をもった人間に出会いました。ショーペンハウアーは、人間の頭の中で表象されている抽象世界から存在の根源まで、人間の意志の中に脈打っている存在の深い根源にまで橋を渡すことのできた人でした。だからニーチェの真理探求に十分に応えてくれました。

そしてリヒャルト・ヴァーグナーは、ニーチェには、太古のギリシア文化の中から甦ってきた人間のように思えました。自分の傍らで血や肉をもった人間として存在しているこの稀有《けう》な人物のもとで自分を錬磨できるということは、ニーチェにとって、何という幸せなことだったでしょう。ほかの人にとっての外なる社会に相当するものが、ニーチェにとっては、リヒャルト・ヴァーグナーとの友情だったのです。この友情だけで十分だったのです。

『音楽の精神からの悲劇の誕生』(一八七二年、のち『悲劇の誕生あるいはギリシア精神と悲観論』)には、この時代のニーチェの思想世界が凝縮されて現れています。その中には、すでに全ニーチェが含まれています。そこにはすでに、アポロン的なものとディオニュソス的なものが論じられています。

更に『教育者としてのショーペンハウアー』があります。ここにはショーペンハウアーのことが、感情をこめて、自分の父親について語るような口調で述べられています。それに続いて、『バイロイトにおけるリヒャルト・ヴァーグナー』が書かれましたが、これはリヒャルト・ヴァーグナーについて書かれたすべての書物に較べても、最上のリヒャルト・ヴァーグナー論だと言えます。

唯物主義の時代におけるような俗物根性は、他のどんな時代にも見られません。このことはダーフィト・フリードリヒ・シュトラウスの『イエスの生涯』の中に、他のどんな書物よりもはっきりとあらわれています。この俗物主義がニーチェのダーフィト・フリードリヒ・シュトラウス論の中でものの見事に晒《さら》け出されているのです。ディオニュソス的人間をふたたび鼓舞しようと願うニーチェは、ダーフィト・フリードリヒ・シュトラウスの俗物主義に我慢ができませんでした。『ダーフィト・シュトラウス——信仰者・文筆家』は、私たちを偏見から解放してくれる本です。

その後彼は、しばらく学者としての仕事を行いました。学界の冷たい、非熱狂的な時期を体験しました。もし誰かが新しい理念を求めて努力しているとしますと、別の連中が来て、こう言うのです。「しかし歴史が示しているように、飛躍的に進歩を遂げることはできない。すべては静かに推移していくのだ」。

歴史における飛躍をみんなおそれていました。ニーチェは一書をものにし、その中でこう述べました。「元気を出しなさい。人間らしくしなさい。歴史を作りなさい。歴史学だけに気をとられず、勇気をもちなさい。自立して自分らしい行動をとりなさい」。彼はふたたび解放的な本を書きました。歴史からの解放をラディカルに求めている本をです。歴史に即した態度は、人間の内的衝動の中の一切の根源的なものを妨害する、というのです。

以上が一八七六年までのニーチェのおおよその姿でした。そこでのニーチェの歩みは、世の中の動きから離れていました。彼のエーテル体の軽やかな行動力がそれを可能にしてくれたのです。

そして一八七六年になります。その頃のヴァーグナーは、彼の創造活動の頂点にいました。彼の魂の中に生きていたものを外の世界で実現していたのです。そういう状況の中で、ニーチェはこう感じていました。「お前が外で出会うものは、お前が心の中で期待していたことと一致していない」。

なぜ一致しなかったのかといえば、ニーチェが外の諸現実の要求の前に壁のようなものを作ってしまっていたからなのです。もっぱらそれだけの理由で、外の現実がニーチェの内心の期待に応えられなくなってしまったのです。彼は自分の内にある表象を外の現実の中に再認識することができませんでした。それでニーチェは、わけが分からなくなってしまいました。何が分からなくなったのでしょうか。ヴァーグナーがでしょうか。そんなことはありません。リヒャルト・ヴァーグナーのことが分からなくなったのではありません。なぜなら、ニーチェは客観的なリヒャルト・ヴァーグナーのことをまったく知らなかったのですから。分からなくなったのは、自分で期待を込めて作り出したヴァーグナーのイメージなのです。

それでニーチェは、彼をヴァーグナーのところへ導いてくれた関係性の全体も分からなくなってしまいました。つまり一切の理想主義が分からなくなってしまいました。理想主義的なヴァーグナーと共に、人類がこれまで展開することのできたすべての理想までもが、ニーチェから失われてしまいました。

こうして彼の中に次のような感情が生じました。――理想主義について、そして精神的、霊的なものについての一切の思索は、虚偽であり、幻想である。人びとは、現実を理想主義的にイメージしたことによって、現実であり、真実であるものが判断できなくなってしまったのだ。

ニーチェにとって、自分自身も苦悩の対象になってきました。こうして彼は、精神生活の対極に立つ潮流、実証的自然科学やその上に立つ諸分野に沈潜するようになります。彼は興味深い思想家、パウル・レーに出会います。パウル・レーは道徳感情、良心の成立についての本を書きました。この本は一九世紀の後期、特に七〇年代以降の特徴をよく示しており、そこでは自然科学の範例に従って、人間の本能と衝動からの道徳感情と良心の成立を論じています。パウル・レーはこのことを才知豊かに、見事に論じました。ニーチェはパウル・レーの提示したこの世界観に魅了されます。そこにはこう述べられていました。――一切の幻想を克服しなければならない。人間生活は手でつかめるようなものからしか理解できないのだ。

ここでは一切の理想が、本能、衝動を覆う仮面であるかのように述べられています。箴言《しんげん》風の短い言葉から成る著書『人間的な、あまりに人間的な』の中で、ニーチェは、一切の理想は、基本的に人間を超えていくものなのではなく、あまりにも人間的なものの中に、感情や日常の中に根を下ろしているものなのだ、ということを表現しようと試みています。

以前のニーチェは、直接日常的なものに通じる道を探そうなどとはまったく思っていませんでした。彼は一般人間的なものを実際生活を通して知ってはいませんでした。彼は、理論によってすべての喜びと苦しみを体験しようとしました。実際生活も彼にとっては理論になりました。このことが彼の著作『曙光』の中で見事に表現されています。一切がそこでは反論されうるもののように見えるだけでなく、氷の上に置かれているように、冷たくなって現れています。

その頃ニーチェはオイゲン・デューリングの現実哲学を、特別の感銘と共に研究しています。とはいえ、この哲学の受け売りをするのではありません。逆に彼の蔵書の中に遺されているデューリングの著書の中には、多くの、部分的にはこの上なく否定的な感想が書き込まれています。

しかしニーチェはその本で論じられている実証科学を、魂の中で、感情を込めて生き抜こうと試みています。それと同じ方向を目ざして、生活道徳を規範にではなく、結果に従って評価しようとするフランスの道徳論者たちの主張は、ニーチェの心をそそるものでした。

このことはニーチェの場合、不幸にも通じますし、祝福にも通じます。本質的なのは、ニーチェがそういうすべてを生き抜いていることです。このことはニーチェに、これらの主張を行った著者たちとは違った結果を及ぼしました。彼が問おうとするのは、常に次のことでした。「それは生きることとどういう関わりがあるのか」。

もちろんお分かりのように、こういう彼の立場から、重要な諸理念が生じました。そしてその諸理念を通して、ニーチェは霊性の認識、霊学の扉を叩いたのです。ちょうどかつての彼が、彼のディオニュソス的人間を論じた時、予感にうながされて神秘の門の扉を叩いたようにです。

この扉は、いずれの場合も、彼の前で開かれることはありませんでしたが、この理念のひとつがどのように生じたのかは、証明することができます。デューリングの著書『厳密科学の世界観・人生形成としての哲学の教程』の中に、注目すべき箇所がありますす。デューリングは、その箇所で、次のような問いを立てています。――かつて存在した原子と分子の結合とまったく同一の結合が、いつか同じ仕方で繰り返されることがありうるだろうか。

私は三週間かけてニーチェの蔵書の整理をしたことがありましたが、その時、彼が彼の本のこの箇所にアンダーラインを引き、それについて書き込みをしていたのを見つけました。その時から、はじめは無意識の中で、いわゆる永劫回帰の理念が彼の中で生じていたのです。

彼がそこからますます形をととのえていったこの理念は、ニーチェの魂の中で、信条となりました。それ程彼の魂に刻印づけたのです。彼はそれ程までにこの理念に没頭しました。そしてこの理念は彼の悲劇となりました。この理念が表現しているのは、まさに、一度存在したことのあるすべては、同一の結びつきで、どんな細部も変ることなく、たとえどんなに時間がかかろうとも、何度でも繰り返して現れてくるに違いない、ということに他なりません。

私たちは、今こうして一緒に席についていますが、これと同じことを私たちは数限りなく、繰り返すだろう、というのです。これは彼の魂の悲劇に属する感情でした。今お前が体験しているすべての苦悩は、何度でも繰り返して、お前のところに戻ってくるだろう、という感情です。ニーチェは、回帰についてのデューリングの理念を通して――デューリング自身はこの理念を否定していますが――唯物主義の思想家になったのです。ニーチェにとって、唯物主義の理念の帰結は、この永劫回帰でしかなかったのです。

ここでも私たちは、ニーチェの諸理念が一九世紀の文化潮流から結晶化されて現れているを見てとります。ダーウィン主義は、いかに進化が不完全なものから完全なものへと向っていくかを論じています。単純な生物から現在の人間への進化が示しているように、です。このことはニーチェにとって、思弁なのではなく、存在が幸せであることのひとつの源泉になっています。世界を進化の過程として見ることは、彼にとって心を満たす体験だったのです。

けれども彼は、そこに留まることができませんでした。彼はこう思います。――人間は生成発展してきた。それなら、更に生成発展していくのではないのか。不完全な生物が人間にまで進化を遂げたのなら、その進化が人間で終ってしまっていいのか。むしろわれわれは人間を、超人への過渡期と見るべきではないのか。——こうして彼にとっての人間は、うじ虫と超人との間に架けられた橋になったのです。

永劫回帰の理念を生じさせたニーチェの感情と思考が、輪廻転生という真実の門の前に立っていたように、超人の理念を抱く彼もまた、真実の門の前に立っていました。霊的立場が私たちに伝えるところによれば、どんな人の中にも人間の神的核心とも言えるものが生きているのです。そしてこの神的核心は、まさに一種の超人なのです。人間は多くの転生を通過して、ますますより完全なものになってきました。そして更により高次の存在段階にまで上っていくべきなのです。

こういう霊的真実のすべて、感覚的なもの、手に取ることのできるものの背後に隠された真実のすべてを、ニーチェは問題として把握していませんでした。ですから自分の魂の内部に生きているものを、自我としてではなく、もっぱら感情に即して理解していました。

宇宙の進化は三つの進化段階を経て、こんにちの地球紀に到りました（『神秘学概論』参照——訳者）。その壮大な進化の過程を心に思い描くとき、いつも新たに心を浄福感で充たしてくれますが、人間の進化の過程は、ニーチェの場合、すべてが感情となって生きていました。彼の『ツァラトゥストラ』の中では、すべてが抒情詩的に記述され、体験されていました。その記述は、認識というよりは、予感されていたものの燃えるような記述なのです。超人への彼の讃歌は、ひとつの憧れのように思えてきます。

この魂の憧憬は、どうすれば充たされるのでしょうか。霊的な認識をこの魂に伝えることができたら、と思わざるをえません。ニーチェの魂は、霊的な真実への血のにじむような憧れを抱いていたのです。

超感覚的世界の存在を肯定することができたなら、彼が見出だせずに苦闘していた対象と正面から向き合うことができたでしょう。彼が『権力への意志』と名づけようとした最後の著作には、特にはっきりと、彼が予期していた精神内容では、彼の魂を充実させることができなかったことが示されています。

高次の人間が超感覚的世界に関わっているという観点、どうぞこの観点と、本来、何も内容をもっていない権力、その権力への意志とを較べてみて下さい。抽象的に権力を考えても、内容は見出だせません。権力は、何のために権力を持つべきなのかがはっきりしていない限り、空しいものでしかありません。

まさにこの遺稿となった作品、『権力への意志』には、ニーチェのあの偉大で、激しい、まるで逆巻くような、しかし同時に不幸な、むなしい努力が、はっきりと見てとれます。ここでもあの悲劇、未知の国への努力が狂気へ落ち込んでいく悲劇に出会います。

そしてまさにニーチェの場合にこそ、一九世紀の文化は深い心情の持ち主たちをどこへ導かざるをえなかったか、が見てとれるのです。物質的なもの、手近かなものを超えて、何かを予感していた多くの人たちは、一九世紀のこの文化の内に留まっていたために、この文化によって失血死しなければなりませんでした。

ニーチェの悲劇も、一九世紀のこの悲劇のひとつです。この悲劇が特に私たちに強い印象を残すのは、エーテル体が肉体にしっかり拘束されていない人間だけが持つ大胆さで、ニーチェがその『アンチクリスト』の中で、キリスト教を批判する時です。彼はキリスト教に対して、きびしい、しかしよく分かる仕方で、徹底した批判を行っています。この『アンチクリスト』の多くの部分は、非常に、非常に読みがいがあります。とはいえ、キリスト教に対するニーチェの批判は、尋常ではありません。一切の哲学をニヒリズムだと思い、ただ現実の中にのみ精神を見出そうとするニーチェは、キリスト教の近代形式の中にも精神〔霊性〕を見出すことが、どうしてもできないのです。

キリスト教の偉大な衝動を、そしてその徹底的な深みを認識するためには、どうしても霊的な観点に立つ必要があります。このことが今後、ますます意識されなければなりません。キリスト教は、これまでそのごく僅かな部分しか表面に現れていませんでした。ニーチェはその隠されたキリスト教の本質に眼がとどきませんでした。キリスト教が正しく理解できませんでした。なぜニーチェはキリスト教を正当に評価できなかったのでしょうか。進化の、特に霊的な進化の過程を、予感することができなかったからです。そのことをひとつの例でお話ししようと思います。

キリストよりもほぼ六百年以前、仏陀が現れました。彼は王家に生まれ、生きるあらゆる喜びに包まれて育ちました。どんな苦悩からも守られていました。宮殿の外へ出ないように、いつも十分な配慮がなされていました。それでもある時、宮殿の外へ出たことがありました。彼は老人、病人、死人を眼にします。彼は悟ります――老いは苦しみだ、病いは苦しみだ、死は苦しみだ、と。彼は、ふたたびこの世に生まれてくる度に、この苦しみにまた直面する、と悟ります。精神生活上の偉大な諸真理が仏陀に開示されます。そして仏陀は、こう教え訓すのです。「霊の世界の平和の中で生きようとするのなら、生まれ変って来たいという願いは、捨てなければならない」。

キリストはどうでしょうか。私たちがふたたび生まれ変ってくるためには、大地の素材が必要です。私たちの課題は、この素材を次第に浄化し、内面化し、霊的にしていくことです。そうすることで、私たちは地上を遍歴することの果実を霊の世界に導き、そうすることでその果実を霊の存在と結びつけるのです。「地上は、そこから離れるべきなげきの谷でしかないのだろうか。そうではない。地上は、キリストがそこを歩まれたことによって、聖なる土地になった。キリストのからだは、地上の素材から造られているが、キリストはこの地上のためにみずからを犠牲にされた。そして地上にみずからの力を浸透させようとなさった」。

初期のキリスト教徒たちはそのように語りました。どんな人間のどんな人生においても、人はキリスト原則の何かを自分の中に受容します。それによって、次第に自分を純化していくのです。生まれ変ることは苦しみではありません。なぜなら生まれ変ることによってのみ、私たちは病い、老い、不幸を試煉として、私たちの魂を善へ、強化への教育手段として、認識できるようになるのですから。この認識にまで高まる魂は、健全な魂であり、環境をよりよいものにする魂です。

こんにちの人びとは、遺伝による重圧をおそれていますが、キリスト衝動をふたたび自分に作用させたなら、どんな病気にも打ち克てる筈です。ゴルゴタの丘で、死のしるしが救いのしるしになったのです。愛するものから別れるのは、苦しみです。でもキリスト原則が私たちの心を熱くするなら、いつでも愛するものとひとつに結ばれます。私たちは少しずつでも、この結びつきを現実として体験できるようになっていきます。

このように、仏陀の教える苦しみがキリスト原則によって変化します。苦しみの克服は、この世の人生から離れることによって達成されるのではありません。魂の変容によって可能になるのです。十字架を背負う時、磔刑《たっけい》にされた人の死体に向き合う時、死を通っていく永遠の生命の謎が私たちに開けてきます。

ニーチェはキリスト教の中に、この隠された深みの中に存在する真実の正反対を見ています。ニーチェはこの真実が認識できなかったことで、血を流しています。ニーチェの苦しみは、生命の源泉へのこの上なく深い、そして苦悩に充ちた憧れなのです。彼の精神が肉体と十分に固く結びついていなかったことによって、彼を悩ませる世界の謎を、正しく解くところにまで到れずにいます。人生の謎に対する正しい答えが見出せぬまま、彼は問い続けました。

そして彼の肉体がもはや彼のために役立てなくなった時、彼はこの肉体という道具を放り投げ、思索に役立てなくなった肉体から離れて、いわばその上を漂うのです。

こうして彼は、彼に面会を求める人の前で、健康な人のように、集中した思考作業から離れて、ひと息ついている人のように見えるのです。そのように彼はからだを横たえていました。霊的な存在を認識できる状態ではなかったとしても、こんにちの唯物論的な科学の本質を生き抜いた人の悲劇の姿そのもののように、彼は身を横たえていました。

解説——ニーチェとルドルフ・シュタイナーをめぐって

高橋　巖

一

ルドルフ・シュタイナーという名は、私にとって運命という言葉と同じくらい重いひびきをもっている。かつて、もう遠い昔のことだが、はじめてシュタイナーという名をきき、『神智学』のドイツ語原書を手にした時、まだ自分にとっての運命的な出来事だとは、まったく感じられなかった。

はじめてドイツに留学してから、まだ数ヶ月しか経っていなかった。それまでの私は大学で西洋史を専攻し、ディルタイ派の「精神科学」を頼りに、一九世紀ドイツの、特にロマン主義に親しむことが自分の課題だと思っていた。個人的には片山敏彦先生の下で、ロマン・ロラン、リルケの本を読み、先生の話をうかがうことを生きがいにしていた。当時の一番の愛読書は、ヘルマン・ヘッセの『デミアン』とゲオルゲ派に属するエルンスト・ベルトラムの『ニーチェ 一つの神話の試み』(筑摩叢書一六四)で、後者の最後の章で論じられている「エレウシスの秘儀」の伝統が現代どんな姿で生きているのかを確かめたくて、ドイツ留学をこころざした。

ミュンヒェンの大学近くに部屋を見つけ、シュタイナー学校の教師をしている若いドイツ人と偶然出会った。その人の紹介でシュタイナーの社会思想を研究している法律家ディートリヒ・シュピッタさんと交流するようになったが、彼から先ず『神智学』を読むようにすすめられた。

何を学びにドイツに来たのか、ときかれた時、シュテファン・ゲオルゲ派のことが知りたくて、と答えると、シュピッタさんがこんなことを話してくれた。――「二〇世紀の初頭、ゲオルゲ・クライスと並んで、シュタイナーのグループもミュンヒェンで活動していた。ゲオルゲ派の多くは貴族だったが、シュタイナー派の多くはプロレタリアートの出だった」。

シュタイナーの『神智学』は、何が言いたいのか、さっぱり分からなかったので、一応一頁一頁日本語に直して分かろうとしたが、それでも何が言いたいのか、ピンと来なかった。『神智学』の問題意識を共有することがまったくできなかったからである。あらためて考えてみると、当時の私は、それくらい現代の思想状況の中にどっぷりひたっていたのである。しかしシュタイナーは『神智学』を通しても、くり返して、「私たちは今、地球の進化の重要な危機の時代を生きている」と述べ、現代を生きる私たちに、自分が今どういう時代を生きているのか、と問い続けていたのだ。

ルドルフ・シュタイナーという名は、今、学校教育、身体芸術、有機農法、更には医療の分野でも、知られるようになってきたが、本来の思想家としての側面は、本書『ニーチェ　みずからの時代と闘う者』も含めて、まだあまり知られていない、というか、学会において市民権を得ていない。それにはいろいろ理由があるだろうが、主に二つの点で、アカデミックな立場からは容認できないところがあるからだと思う。

二

第一に人間の本性についての考え方に、根本的に、違うところがある。人間の本性を体と魂と霊に分けて考察することは、「人性三分説」として知られており、日本でも鈴木大拙が『日本的霊性』や『浄土系思想論』の中で、感覚的知覚と知性を超えた働きをする「霊性」についての丁寧な説明を繰り返して行ってくれている。しかし『神智学』の中心テーマである、霊魂体の土台をなす「体」の三分節化の問題、人間のからだが肉体と、その背後で肉体を支えているエーテル体、アストラル体という三つの体から成り立っている、という主張になると、まったく論証不可能な、非学問的な主張だと思われている。しかしエーテル体、アストラル体を認識の対象にする可能性が見出せない限り、現代のような非人間的な社会状況の中で、個体としての人間の絶対的な存在価値が保証されない、とシュタイナーは考えている。

人間存在の根本に関わる問題なのにこんにちまだ市民権を得ていないもう一つの観点は、「輪廻転生」の問題である。「輪廻」も「転生」も民間ではよく知られた言葉だが、人間の自己認識にとってのこの言葉の意味を知ろうとしても、知る手立てさえ見えない。学問にとっては、単なる主張、願望、つまり夢以上に出ることはありえない。そう思われている。だから『神智学』の中の、短いながら中心をなしている「霊の再生と運命」の一章に、シュタイナーは特別の思いを寄せていた。——「科学的態度をとろうとする者にとって、輪廻転生とそこから生じる運命とを表現することは、決して容易な業ではない。……私はこの困難にまったく意識的に立ち向い、この困難と戦った。もし私がどれ程『神智学』の各版毎に、転生についての章を繰り返し書き改め、それによって転生の真実を感覚界の観察から得た諸理念と結びつけようとしてきたかを確かめてみるなら、科学的方法によっても承認されうるような表現を獲得するために払ってきた私の努力を理解してくれるだろう」(ちくま学芸文庫版『神智学』二四八頁)。

三

思想が必要な理由は、たったひとつしかない。物質界以外に霊界があるのか、ないのか、というような「世界観」の相違を問題にするのではなく、ただひとつ、この世を生きることの意味と価値を確認するためである。というか、この世を生きるときに、思想の側からどのようなはげまし、力づけを体験することができるかどうかである。このことを私は本書『ニーチェ　みずからの時代と闘う者』から学んだと思っている。この一点だけでも、ニーチェの思想からシュタイナーの思想へ、一本の太い、運命の赤い糸が通っていると思う。

本書の「まえがき」で、シュタイナーは、「ニーチェの仕事の最終目標は、「超人」という人間の理想型の記述であった」、と述べているが、その「超人」とは誰のことかについて、シュタイナーは本書五二頁でこう説明している。――「人間が完全になるのは「高次の」目的に仕えるときである、という信仰は、ニーチェによれば、克服されねばならない何かなのである。……自然のままに生きるのは、現実から遊離した理想を追求するよりも、もっと健康的である。非個人的な目標に仕えるのではなく、自分の生き方の目的と意味とを自分自身の中に求める。自分の力を発揮し、自分に内在する権力を完全なものにする。……自分の本性のままに生き、人生の目標を自分の存在にふさわしい生活をいとなむことの中に見ることのできる、ずばぬけた個性を、ニーチェは「超人」と名づけた。超人は、自分の外に存する目的に仕えるために人生がある、と信じる人間の正反対である」(「10 大いなる軽蔑」)。

彼はこれに続いて、「超人、つまり自然に応じた生き方をする人間」とも書いている。つまりどんな人の中にも、例外なしに超人がひそんでいる、と言いたいのだ。

このような思想、価値観をもつことは、後年のシュタイナーが「技術と産業と営利主義」と呼んだ現代の不可避の破滅的な流れとは正反対の立場に立つことになるので、シュタイナーは本書に『みずからの時代と闘う者』というタイトルを与えた。ニーチェのいう「一切の価値の転換」とは、超人という凡人のためにあるのだ。コリン・ウィルソンはこの超人を「アウトサイダー」と呼んだ。ちなみに彼はすぐれたシュタイナー論(『ルドルフ・シュタイナー その人物とヴィジョン』中村保男・中村正明共訳、河出書房新社)を著している。

四

ニーチェ＝シュタイナーの超人論がすべての人のための「思想」である筈なのに、第

24節の「強い人と弱い人」は、一読したところ、とんでもない独裁者の擁護論のような印象を与える。――「ニーチェは、万人のための平等な権利と平等な義務という民主主義の原則に断固として敵対する。人間は不平等である。従ってその権利も義務も、不平等でなければならない。……強い人は、弱い人に目標を与える役割を常に担っている。いや、それだけではない。強い人は弱い人を、目的のための手段として、つまり奴隷として使役する」。

しかしここでも問題は、どんな人の中にも例外なしにひそんでいる強い自分と弱い自分にどう意識的に向き合うかである。つまり自分を強い人にするか、弱い人にするかを決めるのは、自分の中の超人だ、というのである。そして「思想」はそのためにあるのだ。

「強い人は、どんな認識も権力への意志の表現であると考える。その認識によって事柄を思考できるものにし、それによって事柄を自由に処理しようとする。強い人は自分が真理の創造者であり、自分以外の誰も自分の善と悪を決めることはできない、と心得ている。……ニーチェはこの強い人のタイプを「超人」と呼んでいる」(「27　ディオニュソス的とアポロン的」)。

本書のこの箇所では、「ディオニュソス的」とは、超人であるこの強い人の叡智のことだ、とも述べている。われわれが今、本屋で数千冊に及ぶ新書や文庫版のどれか一冊を入手して、その小説かエッセーかを読んで何らかのはげまし、力づけを受けとるとしたら、その時超人である叡智、ディオニュソス的である思想に出会ったことになる。

五

『神智学』(初版一九〇四年)を世に問うた頃のシュタイナーは、基本的にニーチェと同じ立場に立っていたから、どんな子も肉体を強化する権利があるように、どんな人も魂を強化する権利がある、なぜか、「私はなぜ、と問いかけられるような存在ではない」(『ツァラトゥストラはこう語った』第二部「詩人たち」)という、いわばマクス・シュティルナーの「個体主義的アナキズム」の側に立っていた。しかし『神秘学概論』(一九一〇年)では、すでに個人の存在の問題ではなく、自と他、人間と宇宙の関係の方に中心が移ってくる。一九一〇年代、特に第一次世界大戦が勃発する前後から、「技術と産業と営利主義」による地球の破滅への危機感が、シュタイナーの思想を、魂の強化以上に、すべての人の魂に宿っている「キリスト衝動」を意識するために役立たせようとするようになった。つまり、みずからの時代と闘うのではなく、みずからの時代を自分の運命として引き受け、その運命に自分を融け込ませようとする。

大戦が終ると、シュタイナーは社会問題に没頭し、経済生活を土台にするのではなく、精神生活を土台とする社会の建設運動を始める。社会の構造を合理的に分析するのではなく、社会を生きた生命体、有機体と捉え、どうすればその社会有機体を健全に機能させることができるかを、『社会問題の核心』(一九一九年)の中で論じた。この本はわが国では、すでに大正時代に飜訳され(『三重組織の国家と責任国家論』大日本文明協会、坂本義雄訳、一九二二年の前半部分)、大川周明に深い影響を与えた。

しかしここで今問題にしたいのは、シュタイナーの「社会有機体三分節化」の思想や、「社会問題が緊急に求めているのは、教育問題であり、教育問題が緊急に求めているのは教員養成の問題である」、というシュタイナー教育の本質論ではなく、時代の破滅的な危機、その危機は二一世紀になって、ますますはっきり表面に現れてきたが、その危機に対応する魂の問題である。

一九一七年の連続講義『ミカエルと龍の戦い』の第二講(『シュタイナー　悪について』春秋社、一九四頁以下)は次のような問いから始まっている。――「現代には理想が何もない、とよくいわれます。反対なのです。現代には非常に非常に多くの理想があるのですが、ただそれらの理想には実現する力がないのです。なぜでしょうか」。

シュタイナーの答えは、現代の悲劇的状況が自覚できないでいるから、というものだった。現代には理想を実現する環境がない。それどころか、現代の状況は、理想を無力にしてしまう。だから「現代という謎に充ちた、いかがわしいところのある、混乱した時代にあって、私たちはできる限りの感情の力で、この霊的、物質的な状況をひとつの課題として受けとらなければならないのです」。いま時代が求めているのはわれわれの感情の力だというのだ。

第一次世界大戦中、シュタイナーは本質的に生き方を変えたような気がする。あくまでも気がするだけなのだが、この感情の力で、個人としての人間存在の問題から、自他の一致というか、社会と自分との、仏教で言う「相即相入」の世界へ入っていった。このことは、一九一四年秋から一九一八年にかけてのシュタイナーの言説の中に繰り返して現れてくる。

例えば神秘学の認識にとって非常に重要な講義『オカルト的な読み方と聴き方』(『内面への旅 シュタイナー・コレクション2』筑摩書房)の中心のテーマは、次の言葉によく示されている。――「霊界を生きるときの経過は、人間がいわば自分から抜け出て、他のものと一つになることなのです。……自分を一つにするだけでなく、自分を他の本性の中へ変容させるのです。……そうできるための良い準備のひとつは、この世で私たちを取り巻いているすべてのものに愛を持ち、関心を深めよう、と繰り返して試みることです。周囲のすべてに愛を向けることが、神秘学を志す者にとってどれほど重要なことか、口ではとても言い表せません」(同書二一一頁以下)。

「概して人間は、もっぱら自分自身だけに関心を示しています。これは当然と言えば当然です。実際、それを信じようとしないとしても、人は自分自身だけに関心を向けています。たとえ他の何かにどれほど愛情を注いだとしても、本来他のものには最小限の関心しか示さず、自分自身だけに最大限の関心を示します」(同書二一二頁)。

だから自分を他の本性の中へ変容させるのは極めて困難だとしても、ひとつの廻り道として、「自分自身への関心を捨て、もはや自分が興味ある主体ではなく、興味ある客体であるかのように生きようとするのです。……自分を客体にするにつれて、私たちの外にあるすべてに関心が生じてきます。そして世界の諸現象への帰依が育ってきます」(同書二一三頁以下)。

「そうすることは不可能ではありませんし、悪い結果にもいたりません。それどころか、とても有益なことなのです。なぜなら、私たちがすでに客体になっていたら、それにいくら関心を抱いてもいいのですから。そのときの私たちは、客体を手中にしているのです。けれどもそれを主体にしてしまってはなりません」(同書二一四頁)。

六

ここまで来ると、ニーチェとは正反対の方向へ進んでいくことになるのは明らかだ。超人は主体に徹することによって、はじめて生きてくるのだから。今、シュタイナーは破滅の過程を辿る世界に向き合い、その世界の諸現象に帰依を通して自分を託そうとする。

シュタイナーは『ミカエルの使命』(一九一九年)第五講の中でこんな言い方をしている。――「私たちのからだとしての地球、私たちのからだとしての人類、私たちのからだとしての社会」。

今地球も人類も社会も、崩壊過程を辿っている。従って当然個人も同じ運命を辿っている。しかしこの破滅の流れに反対して働く別の衝動もまた、時代の流れに合流して働いている。この別の衝動は私たちを運命に対して無意識にしておかない。そして私たちを自然必然性の中に組み込ませまいとする。そして「外なる物質として存在しているものを、霊的、魂的なものとして認識できるようにする。そのことが今、私たちの問題になっているのです」(同第六講)。

「抽象的に物質と精神を区別して関係づけることが大切なのではなく、大切なのは物質を同時に精神として認識し、精神の中に物質への移行を認識し、物質の中に霊的な働きを認識することなのです。その時はじめて、人間そのものも認識できるようになるのです。……皆さん、物質として現れるすべての事物は、その霊的＝魂的な側面をもっています。そして霊的＝魂的に現れるすべても、その外的＝物質的な側面をもっています」（同第六講）。

人間だけが世界のこの精神と物質の両方に深く関わることができる。そして「関わり、結びつき、参加することで分けてもらえる関係」が、一瞬一瞬の人生にかけがえのない生き方、自分が今この時代を生きている、という実感を与えてくれる。そういう悪戦苦闘している自分は決してひとりではない。眼に見えない誰かが見ていてくれる。

この物質と精神（霊魂）の関係こそ、後期のシュタイナーの思想の核心の部分なので、最後にこの関係を徹底的に論じている、前述の連続講義『オカルト的な読み方と聴き方』をもう少し辿っておきたい。

先ず課題になるのは、鉱物界、植物界、動物界に帰依の心で向き合い、その中に自分を融合させることなのだが、世界の諸現象への帰依が深まれば深まるほど、魂の中で内的平静の気分が確かなものとなり、迷いがなくなる。そして他者に変容しようとするとき、私たちは自分のことを、今変容しようとしている他者ほどには価値がないと思っているので、自分を高慢にさせない。逆にどんな動物、植物、鉱物を眼の前にしても、その一つひとつの対象のすがた、かたちが自分の意識を超えて、自分よりもはるかに尊いもの、美しいものに見えてくる。外の世界のすべてが、相貌として、或いは表情、身ぶりとして感じとれるようになると、仏教で教える「草木国土悉皆成仏」の境地に近くなる。

七

エーテル体、アストラル体、自我の問題にも、輪廻転生の問題にも触れることはできなかったが、できるだけはっきり、後期のシュタイナーの思考の力ではなく、感情の力を読者に伝えたかった。今、ポスト・モダニズムとはまったく別の仕方で、感情の力による学問の諸分野のあらたな融合が、神秘学も含めて始まりつつあるようだ。

最後になってしまったが、冒頭に触れた『デミアン』や漱石の『吾輩は猫である』以来、最高にお世話になった「岩波文庫」からはじめてシュタイナーの本を出させていただけたことを、心から感謝している。この出版を用意していただいてから、いろいろ御配慮をいただいた編集部の鈴木康之さんには心からお礼を申し上げたいと思います。

なお、表紙の写真を提供してくれた遠藤真理さんにも、ここでお礼を申し上げたいと思います。以前、数人の仲間と一緒に、ニーチェが愛し、永劫回帰の着想を得たといわれるスイスの景勝地シルス・マリアをたずねた。近くのニーチェハウスの廊下には、多くの肖像写真と並んで、はじめてニーチェを深く理解した思想家として、シュタイナーの写真がかざられていた。この岩波文庫を通して、ニーチェとシュタイナーが、今読者それぞれの心の中で、新たに再会してくれることを願っている。

二〇一六年一一月　　町田にて

シュタイナー略年譜

一八六一年

2月27日　クラリエベック（現在、クロアチア）に誕生。

一八七二年　11歳

ウィーナー・ノイシュタットの実業学校に入学。

一八七九年　18歳

ウィーン工科大学に入学。ゲーテ研究を始める。

一八八二年　21歳

キュルシュナーの『国民文庫』で『ゲーテ自然科学論文集』を編纂。

一八八三年　22歳

ニーチェが『ツァラトゥストラはこう語った』（一八八三―八五）を刊行する。

一八八四―九〇年　23―29歳

ウィーンのシュペヒト家の家庭教師を務める。

一八八六年　25歳

『ゲーテ的世界観の認識論』を刊行。

一八八八年　27歳
『ドイツ週報』編集長となる。ウィーンのゲーテ協会で『新しい美学の父としてのゲーテ』を講演。

一八九〇年　29歳
秋にワイマールに移住。ゲーテ＝シラー文庫に非常勤で勤務。ヘルマン・グリム、エルンスト・ヘッケルらと交流。

一八九二年　31歳
学位論文『真理と科学』を刊行。

一八九四年　33歳
『自由の哲学』を刊行。

一八九五年　34歳
『ニーチェ　みずからの時代と闘う者』を刊行。

一八九七年　36歳
『ゲーテの世界観』を刊行。ベルリンに移住。ハルトレーベンらと共に『文芸雑誌』の編集担当。

一八九八年　37歳
アンナ・シュルツ＝オイニケと結婚。

一八九九―一九〇四年　38–43歳

ヴィルヘルム・リープクネヒトが設立したベルリン労働者教養学校の講師に就任。

一九〇〇年　39歳

ブロックドルフ伯爵邸の「神智学文庫」で講演活動を始める。ニーチェが歿する。

一九〇二年　41歳

『神秘的事実としてのキリスト教と古代秘儀』を刊行。神智学協会ドイツ支部事務局長となる。

一九〇四年　43歳

『神智学』を刊行。

一九〇四―〇五年　43―44歳

『いかにして超感覚的世界の認識を獲得するか』を『ルツィフェル＝グノーシス』誌上に連載。

一九〇四―〇八年　43―47歳

『アカシャ年代記』を『ルツィフェル＝グノーシス』誌上に連載。

一九一〇年　49歳

『神秘学概論』を刊行。

一九一〇―一三年　49―52歳

『神秘劇』全四部のミュンヘンでの上演。

一九一一年　50歳

ボロニアの国際哲学会議で『神智学の心理的基礎と認識論的立場』を講演。アンナ・シュタイナー死去。

一九一二年　51歳
人智学協会を設立。オイリュトミー誕生。

一九一四年　53歳
第一次世界大戦と共に秘教講義を中断する。マリー・フォン・ジーフェルスと結婚。

一九一五年　54歳
人智学協会本部のゲーテアヌムが完成する。

一九一九年　58歳
『社会問題の核心』を刊行し、社会有機体三分節化運動を展開。シュトゥットガルトに自由ヴァルドルフ学校を創立。

一九二〇年　59歳
医学のための講習会。ゲーテアヌムのオープニング。

一九二二年　61歳
キリスト者共同体運動開始。ゲーテアヌムが放火により焼失。

一九二三―二五年　62-64歳
『自叙伝』を執筆。

一九二四年　63歳

有機農法、治療教育運動開始。カルマ論の連続講義。

一九二五年　64歳

『医学革新の基礎』を刊行。3月30日　ドルナハで没す。

ニーチェ　みずからの時代《じだい》と闘《たたか》う者《もの》
ルドルフ・シュタイナー著

2016年12月16日　第1刷発行
2021年10月15日　第2刷発行

訳　者　高橋《たかはし》　巖《いわお》

発行者　坂本政謙

発行所　株式会社　岩波書店
〒101-8002　東京都千代田区一ツ橋2-5-5
案内 03-5210-4000　営業部 03-5210-4111
文庫編集部 03-5210-4051
https://www.iwanami.co.jp/

印刷・三秀舎　カバー・精興社　製本・松岳社

ISBN 978-4-00-337001-8　　Printed in Japan

読書子に寄す

——岩波文庫発刊に際して——

岩波茂雄

真理は万人によって求められることを自ら欲し、芸術は万人によって愛されることを自ら望む。かつては民を愚昧ならしめるために学芸が最も狭き堂宇に閉鎖されたことがあった。今や知識と美とを特権階級の独占より奪い返すことはつねに進取的なる民衆の切実なる要求である。岩波文庫はこの要求に応じそれに励まされて生まれた。それは生命ある不朽の書を少数者の書斎と研究室とより解放して街頭にくまなく立たしめ民衆に伍せしめるであろう。近時大量生産予約出版の流行を見る。その広告宣伝の狂態はしばらくおくも、後代にのこすと誇称する全集がその編集に万全の用意をなしたるか。千古の典籍の翻訳企図に敬虔の態度を欠かざりしか。さらに分売を許さず読者を繋縛して数十冊を強うるがごとき、はたしてその揚言する学芸解放のゆえんなりや。吾人は天下の名士の声に和してこれを推挙するに躊躇するものである。このときにあたって、岩波書店は自己の責務のいよいよ重大なるを思い、従来の方針の徹底を期するため、すでに十数年以前より志して来た計画を慎重審議この際断然実行することにした。吾人は範をかのレクラム文庫にとり、古今東西にわたって文芸・哲学・社会科学・自然科学等種類のいかんを問わず、いやしくも万人の必読すべき真に古典的価値ある書をきわめて簡易なる形式において逐次刊行し、あらゆる人間に須要なる生活向上の資料、生活批判の原理を提供せんと欲する。この文庫は予約出版の方法を排したるがゆえに、読者は自己の欲する時に自己の欲する書物を各個に自由に選択することができる。携帯に便にして価格の低きを最主とするがゆえに、外観を顧みざるも内容に至っては厳選最も力を尽くし、従来の岩波出版物の特色をますます発揮せしめようとする。この計画たるや世間の一時の投機的なるものと異なり、永遠の事業として吾人は微力を傾倒し、あらゆる犠牲を忍んで今後永久に継続発展せしめ、もって文庫の使命を遺憾なく果たさしめることを期する。芸術を愛し知識を求むる士の自ら進んでこの挙に参加し、希望と忠言とを寄せられることは吾人の熱望するところである。その性質上経済的には最も困難多きこの事業にあえて当たらんとする吾人の志を諒として、その達成のため世の読書子とのうるわしき共同を期待する。

昭和二年七月

《東洋思想》〔青〕

- 易経 全二冊 高田真治・後藤基巳訳
- 論語 金谷治訳注
- 孔子家語 藤原正校訳
- 孟子 全二冊 小林勝人訳注
- 老子 蜂屋邦夫訳注
- 荘子 全四冊 金谷治訳注
- 新訂孫子 金谷治訳注
- 荀子 全二冊 金谷治訳注
- 韓非子 全四冊 金谷治訳注
- 史記列伝 全五冊 司馬遷 小川環樹・今鷹真・福島吉彦訳
- 春秋左氏伝 全三冊 小倉芳彦訳
- 塩鉄論 曾我部静雄訳註
- 千字文 小川環樹・木田章義注解
- 大学・中庸 金谷治訳注
- 孫文革命文集 深町英夫編訳
- 実践論・矛盾論 毛沢東 松村一人・竹内実訳
- 仁学 —清末の社会変革論 譚嗣同 西順蔵・坂元ひろ子訳注
- 章炳麟集 —清末の民族革命思想 西順蔵・近藤邦康編訳
- 梁啓超文集 岡本隆司・石川禎浩・高嶋航編訳
- マヌの法典 田辺繁子訳
- ガンディー獄中からの手紙 森本達雄訳
- 随園食単 袁枚 青木正児訳註
- ウパデーシャ・サーハスリー —真実の自己の探求 シャンカラ 前田専学訳

《仏教》〔青〕

- ブッダのことば —スッタニパータ 中村元訳
- ブッダの真理のことば 感興のことば 中村元訳
- 般若心経・金剛般若経 中村元・紀野一義訳註
- 法華経 全三冊 坂本幸男・岩本裕訳注
- 日蓮文集 兜木正亨校注
- 浄土三部経 全二冊 中村元・早島鏡正・紀野一義訳註
- 大乗起信論 宇井伯寿・高崎直道訳注
- 天台小止観 —坐禅の作法 天台大師 関口真大訳注
- 臨済録 入矢義高訳注
- 碧巌録 全三冊 入矢義高・溝口雄三・末木文美士・伊藤文生訳注
- 無門関 西村恵信訳注
- 法華義疏 全二冊 聖徳太子 花山信勝校訳
- 往生要集 全二冊 源信 石田瑞麿訳注
- 教行信証 親鸞 金子大栄校訂
- 歎異抄 金子大栄校注
- 正法眼蔵 全四冊 道元 水野弥穂子校注
- 正法眼蔵随聞記 懐奘編 和辻哲郎校訂
- 道元禅師清規 大久保道舟訳注
- 一遍上人語録 —付 播州法語集 大橋俊雄校注
- 一遍聖絵 聖戒編 大橋俊雄校注
- 南無阿弥陀仏 —付 心偈 柳宗悦
- 蓮如文集 蓮如 笠原一男校注
- 蓮如上人御一代聞書 稲葉昌丸校訂
- 日本的霊性 鈴木大拙 篠田英雄校訂
- 新編東洋的な見方 鈴木大拙 上田閑照編
- 禅堂生活 鈴木大拙 横川顕正訳

大乗仏教概論　鈴木大拙／佐々木閑訳
浄土系思想論　鈴木大拙
神秘主義　キリスト教と仏教　鈴木大拙／坂東性純／清水守拙訳
禅の思想　鈴木大拙
ブッダ最後の旅　—大パリニッバーナ経—　中村元訳
仏弟子の告白　—テーラガーター—　中村元訳
尼僧の告白　—テーリーガーター—　中村元訳
ブッダ神々との対話　—サンユッタ・ニカーヤI—　中村元訳
ブッダ悪魔との対話　—サンユッタ・ニカーヤII—　中村元訳
驢鞍橋　鈴木正三／鈴木大拙校訂
禅林句集　足立大進校注
ブッダが説いたこと　ワールポラ・ラーフラ／今枝由郎訳
ブータンの瘋狂聖ドゥクパ・クンレー伝　ゲンドゥン・リンチェン編／今枝由郎訳

《音楽・美術》〔青〕

ベートーヴェン音楽ノート　小松雄一郎訳編
ベートーヴェンの生涯　ロマン・ロラン／片山敏彦訳
音楽と音楽家　シューマン／吉田秀和訳

モーツァルトの手紙　—その生涯のロマン—　全二冊　柴田治三郎編訳
レオナルド・ダ・ヴィンチの手記　全二冊　杉浦明平訳
ゴッホの手紙　全三冊　硲伊之助訳
ロダンの言葉抄　高村光太郎訳／高田博厚／菊池一雄編
ビゴー日本素描集　清水勲編
ワーグマン日本素描集　清水勲編
葛飾北斎伝　飯島虚心／鈴木重三校注
ヨーロッパのキリスト教美術　—十二世紀から十八世紀まで—　全二冊　エミール・マール／柳宗玄／荒木成子訳
近代日本漫画百選　清水勲編
ドーミエ諷刺画の世界　喜安朗編
デューラー自伝と書簡　前川誠郎訳
蛇儀礼　ヴァールブルク／三島憲一訳
迷宮としての世界　—マニエリスム美術—　全二冊　グスタフ・ルネ・ホッケ／種村季弘／矢川澄子訳
日本洋画の曙光　平福百穂
江戸東京実見画録　長谷川渓石画／進士慶幹／花咲一男注解
映画とは何か　全二冊　アンドレ・バザン／野崎歓／大原宣久／谷本道昭訳
漫画 坊っちゃん　近藤浩一路

漫画 吾輩は猫である　近藤浩一路
ロバート・キャパ写真集　ICPロバート・キャパ・アーカイブ編
北斎 富嶽三十六景　日野原健司編
日本漫画史　—鳥獣戯画から岡本一平まで—　細木原青起
世紀末ウィーン文化評論集　ヘルマン・バール／西村雅樹編訳